Das Wunder zwischen uns
Geheilt von Leberkrebs

Ditte Olivia Egede Corfixen
Tommy Toudahl Egede Corfixen

Ditte Olivia Egede Corfixen
Tommy Toudahl Egede Corfixen

Das Wunder zwischen uns
Geheilt von Leberkrebs

Persönlicher Bericht

Verlag: BoD · Books on Demand GmbH, Überseering 33, 22297 Hamburg,
bod@bod.de

Druck: Libri Plureos GmbH, Friedensallee 273, 22763 Hamburg

ISBN: 978-3-8192-2969-5

Inhaltsverzeichnis:

Danke

Keine Reise wie diese kann man allein antreten. Es gibt Menschen, die uns getragen, unterstützt, an uns geglaubt und uns geholfen haben, wenn wir selbst den Weg nicht finden konnten.

An erster Stelle danke ich meinem Mann. Deine Stärke, deine Ruhe und dein Lebenswille waren der Kern von allem. Du hast den Mut gehabt, einen anderen Weg zu gehen. Du hast Nein gesagt, als alle Ja sagten. Du hast mir vertraut, uns vertraut – und daran geglaubt, dass ein anderes Leben möglich ist. Dies ist auch deine Geschichte. Dein Sieg. Dein Wunder.

Danke an unsere drei Kinder: Tobias, Siv und die kleine tapfere Sally. Ihr habt mich getragen, als ich euch hätte tragen sollen. Eure Liebe, Geduld und euer Mut haben mich die ganze Zeit begleitet, selbst in den schwersten Momenten.

Danke auch an mein Enkelkind und kleinen Augapfel Hugo – für das Leben und die Liebe, die du in unser Leben gebracht hast.

Danke an meine Mutter Helle, die nicht nur Mutter war, sondern auch mein intellektueller Rückhalt. Du hast bei allem Fachlichen geholfen, Latein übersetzt, uns finanziell unterstützt und die Recherchen übernommen, die ich selbst nicht bewältigen konnte. Und du hast mit mir gejubelt, jedes Mal wenn es in die richtige Richtung ging. Ohne dich hätte ich das nicht geschafft.

Danke an den Arzt aus der Privatpraxis in Søborg, der uns Hoffnung und kompetente Anleitung gab, als wir vor allem Orientierung brauchten. Deine Übersichten, deine Ratschläge und deine Präsenz wurden zu einem Leitstern in der Dunkelheit.

Danke an Professor Dr. med. Thomas J. Vogl, Mediziner und Radiologe am Universitätsklinikum Frankfurt, dafür, dass du auf die E-Mail einer verzweifelten Ehefrau aus Dänemark geantwortet und uns ernst genommen hast. Dein Behandlungsansatz, dein Wissen und dein Engagement haben Tommys Leben gerettet. Ohne dich hätte ich heute wahrscheinlich keinen Co-Autor.

Und an Tenna, meine beste Freundin und Seelenverwandte: Es gibt nicht genug Worte. Du hast diese Reise möglich gemacht. Du hast das Auto gefahren, den Haushalt geführt, mich getröstet, mit mir geweint und gelacht, und warst Sallys sicherer Fels, wenn ich ins Wanken geriet. Du hast bei ALLEM geholfen. Du bist ein Wunder in Menschengestalt.

Danke an die Krebsvereinigung "Tidslerne" dafür, dass ihr unsere Geschichte veröffentlicht, sie in eurem Magazin geteilt und uns eingeladen habt, Vorträge zu halten. Ihr gebt denen eine Stimme, die den Mut haben, gegen den Strom zu schwimmen – und ihr habt uns den Mut gegeben, an die Öffentlichkeit zu gehen.

Danke an alle, die unsere Spendenaktion unterstützt haben, als wir kurz davor waren, keine Mittel mehr zu haben. Euer Glaube, eure Beiträge und euer Mitgefühl gaben uns die Kraft weiterzumachen. Ihr habt geholfen, ein Leben zu retten.

Und schließlich ein ganz besonderer Dank an das dänische Gesundheitssystem und das politische System, dafür, dass ihr uns vor Augen geführt habt, wie gefährlich es ist, blind auf Autoritäten zu vertrauen. Euer Versagen, eure Verzögerungen und eure fehlende Verantwortung waren der Anstoß, der uns zwang, die

Dinge selbst in die Hand zu nehmen. Es war nicht euer Einsatz, der uns gerettet hat – es war eure Abwesenheit

Auch Tommy möchte Danke sagen.
Danke an Poul, weil du gesagt hast: „Ich hätte gleich zu Vogl gehen sollen!" Ich verwende deine SMS immer noch, wenn ich die Kontaktdaten unseres Freundes Vogl weitergebe.

Danke an Ragnar, Jakob, Gitte, Ulla, Stig, Mike, alle Pfarrer im Kirchenkreis Slagelse. Danke an die Freunde aus den Kirchengemeinderäten von Sønderup, Nordrup und Gudum für eure Gebete.

An euch alle, die mit uns geglaubt haben – und an dich, der du das hier gerade liest: Danke. Du bist ein Teil des Wunders, das zwischen uns gewachsen ist. Danke, dass du dir die Zeit nimmst, mitzulesen. ♥

Vorwort

„Schreib ein Buch, das alle lesen

Gib Geld für ein Institut

Mach ein Lied, das Kinder singen

Wenn das Schuljahr endet gut

Schneider eine Kollektion von Kleidern

Gib deinen Namen einem Gewehr

Sei das Extra in dem Parfüm

Das schöne Frauen tragen sehr.

Wir werden immer leben

Wir werden niemals sterben"

– Bo Kaspers Orkester

Als die Ärzte sagten, dass mein Mann sterben würde, blieb die Zeit stehen. Alles wurde still. Die Kälte in der

Stimme des Arztes. Die Leere im Raum. Das hallende:
„Es gibt nichts mehr zu tun."

Aber wir weigerten uns zu glauben, dass dies das Ende sein sollte. Wir weigerten uns, den Kopf zu senken und die Hoffnung sterben zu lassen. Etwas in uns – zwischen uns – wurde stärker. Wir suchten, wir lasen, wir fragten. Dann schrieb ich eine E-Mail. An einen Arzt in Deutschland. Das war der Anfang von dem, was wir heute ein Wunder nennen.

Dieses Buch ist unsere Geschichte.
Es handelt von Liebe, Mut, wütender Verzweiflung und unbeirrbarem Glauben. Davon, Nein zu sagen zu dem, dem alle anderen zugestimmt haben – und Ja zu etwas, dessen Ausgang wir nicht kannten.

Mein Mann ist heute krebsfrei. Dies ist kein Märchenbuch. Es ist ein Bericht über einen Kampf.

Geschrieben für dich, der du kämpfst.

Für dich, der du liebst.

Für dich, der du das Vertrauen in das verloren hast, was eigentlich schützen sollte.

Und für dich, der du noch immer zu hoffen wagst.

Eine Art Anfang

Willkommen im Land des Krebses. Ein Moment des Rückblicks auf eine Zeit, die ein undurchdringlicher Brei aus Gefühlen, Schmerz, Frustration, Untersuchungen, harter Arbeit, Wissenssuche, Diskussionen und Überlegungen zur Lebensqualität war.

Egal, ob du mitliest, weil du selbst an Krebs erkrankt bist, dein Ehepartner, deine Eltern oder – Gott bewahre – deine Kinder betroffen sind, so glaube ich, dass die wichtigste Botschaft dieses Buches ist: Man kann unheilbaren Krebs überleben.
Solltest du zu den wenigen mutigen Politikerinnen und Politikern gehören – oder zu den kompetenten

Führungskräften im Gesundheitswesen –, die dieses Buch in die Hände bekommen haben, dann gilt dasselbe: Nur mit eurer Hilfe ist Veränderung möglich.

Doch um das zu erreichen, muss man das Wesen des Krebses verstehen. Man muss sich mit dem Krebs anfreunden – und ihn gleichzeitig vernichten. Man muss ihm seine Wachstumsbedingungen entziehen.

Wenn ich zurückblicke, gab es eine lange Zeit, in der sich unser Leben nur um den Krebs drehte. Unsere Gespräche handelten nur vom Krebs. Überlegungen hier und da. Was dieser oder jener Arzt gesagt hatte. Welche Untersuchungen am nächsten Tag anstanden. Wie die Fahrten nach Deutschland geplant werden sollten. Was eingekauft werden musste.

Ich glaube, es war in dieser anstrengenden und zermürbenden Phase, dass wir beschlossen, etwas einzuführen, das wir „Krebs-Zeit" nannten – damit wir nicht vergaßen zu leben.

Natürlich verschwand es nie ganz aus dem Hinterkopf. Es war immer da – als ständige Erinnerung daran, dass alles jederzeit vorbei sein konnte. Es ist ein wenig paradox. Denn man braucht eigentlich keinen Krebs, um das existentielle Grundprinzip zu verstehen: Egal, wer du bist und wo du dich befindest – du lebst unter Bedingungen, bei denen alles von einem Moment auf den nächsten enden kann.

Doch wenn man mit einer lebensbedrohlichen Krankheit konfrontiert wird, wird genau das sichtbarer. Näher. Greifbarer. Der Mann mit der Sense klopft an.

Ich selbst bin auch ein paar Mal „unter Deck"
gegangen. Das ist einer dieser Momente, in denen man
nichts mehr ertragen kann und einfach mitteilt, dass
man sich jetzt mal kurz zurückzieht – und fragt, ob
jemand etwas braucht, wenn man schon unterwegs ist.

Meine eigene Angst wurde als Belastungsreaktion
bezeichnet. Später habe ich ein relativ neues Konzept
kennengelernt: "antizipatorische Trauer" (*"Wartetrauer"*).
Ich bin fest davon überzeugt, dass es genau das war,
was ich erlebt habe.
Wenn ein nahestehender Mensch unheilbar krank wird
und es nur in eine Richtung gehen kann, beginnt die
Trauer schon in diesem Moment, dich zu erfassen.
Denn du wirst ohnmächtig.

Ohnmacht ist nicht zwangsläufig etwas Schlechtes. Sie
ist – um Annika Aakjær zu zitieren – auch eine
Möglichkeit. Wie sie sagt: „*Wenn du am Boden liegst, kannst*

du mehr vom Himmel sehen. "

Und genau das geschah, als ich dort lag und in meiner Ohnmacht zum Himmel sah: Ich weigerte mich, aufzugeben.

Kapitel 1

Gott, Vogelkot und Gitte Hænning

Ich hatte schon immer ein etwas besonderes Verhältnis zu Gott. Oder ich weiß nicht, ob es wirklich besonders ist. Es war eher so ein bisschen *Gitte-Hænning-mäßig*. Ich spreche mit mir selbst. Rede mit meinem besseren Ich.

Seit ich klein bin, führe ich innere Gespräche mit ihm – oder mit dem, den ich Gott nenne. Meine Großmutter hat mir beigebracht, das Abendgebet zu sprechen, als ich noch sehr klein war. Ich kann es bis heute.

Ich weiß, dass ich Gott um alles bitten kann. Und ich weiß, dass der Herr auf geheimnisvollen Wegen geht. Ich glaube daran, dass Gott uns – als er sagte, wir seien nach seinem Ebenbild geschaffen – ein Geschenk gemacht hat:
Das Geschenk, schöpferisch zu sein.
Das Geschenk, sich dafür einzusetzen, Krankheit zu überwinden.
Das Geschenk, sich zu freuen.

Und das Geschenk, sowohl Gott als auch unseren Nächsten zu lieben.

Gott ist mein Freund.
Zweimal in meinem Leben war ich jedoch so weit, dass ich ihm androhte, ihn von meiner Freundesliste zu streichen.

Das erste Mal war, als mein Sohn 16 Jahre alt war und einen Unfall hatte, bei dem seine Leber und seine Bauchspeicheldrüse schwer verletzt wurden. Er wurde ins Reichshospital eingeliefert. Drei bis vier Tage lang wusste niemand, ob er überleben würde.
Es war ein Wunder, dass er es tat.

Ich erinnere mich, dass wir direkt hinter einem Krankenwagen fuhren – mit einem Arzt und Ausrüstung an Bord, die sein Überleben sichern sollten. Er wurde direkt ins Traumazentrum gebracht – das

erinnerte mich an die Fernsehserie *"Geister"* (*"Riget"*).
Als man herausfand, dass seine Leber nur vier
Millimeter von der Hauptschlagader entfernt gerissen
war und dass die Bauchspeicheldrüse zertrümmert war,
da brauchte ich ein echtes Gespräch mit Gott.

Es war kein innerer Dialog. Ich ging hinaus zum
Raucherplatz, dort bei dem Bogen. Ich hockte mich hin,
legte mich auf den Boden und schaute in den Himmel.
Dann rief ich:

„Gott, bist du überhaupt da? Kannst du mich hören? Wenn du
mich hören kannst, will ich dir nur sagen: Tobias ist hier noch
nicht fertig. Er hat noch so viel vor sich. Und wenn du ihn jetzt
nimmst, dann sind wir zwei nie wieder Freunde!“
Die vorbeigehenden Menschen konnten wohl kaum
erkennen, dass ich gerade Annika Aakjærs guten Rat
befolgte – aber das war mir vollkommen egal.

Das zweite Mal, dass ich so mit Gott sprach, war, als Tommys Krebs zurückkam.

Als er seine Todesdiagnose im Herlev-Krankenhaus erhielt – von einem jungen norwegischen Arzt mit Pferdeschwanz, der weder die Fähigkeiten, die Kompetenz, das Fachwissen noch das Mitgefühl hatte, um Todesurteile zu verkünden.

Das hängt mit einer anderen Geschichte zusammen. Als Tommy seine Pfarrstelle hier bekam, lief das etwas anders ab als ein normales Vorstellungsgespräch. Man besucht die Kirche und das Pfarrhaus und führt ein informelles Gespräch mit dem Kirchenvorstand. Man schickt eine Bewerbung – oder besser gesagt: man sieht sich berufen.

Er erhielt die Stelle im Jahr 2020. Wenn man mit einem Pfarrer verheiratet ist und Residenzpflicht besteht, zieht man mit um. In diesem

Fall war das kein großes Problem – es war beinahe ein Palast: 400 m² Wohnfläche, ein parkähnlicher Garten, riesige Rhododendren, ein kleiner Teich und eine schöne Terrasse.

An dem Abend, an dem die Probepredigt stattfand, saß ich draußen auf einer Bank vor der Kirche – zusammen mit meinen Töchtern und meiner Schwiegertochter. Ein Vogel im Baum über uns hatte offenbar das Bedürfnis, sich zu erleichtern. Ich bekam einen riesigen Vogelkotfleck – sowohl auf den Rücken als auch auf die Brust. Es war peinlich.
Ich ging in Richtung Toiletten. Die Damen vom Kirchenvorstand kicherten und sagten:
„Das bringt doch Glück. "

Als wir von dem Gespräch mit dem norwegischen Arzt mit Pferdeschwanz nach Hause kamen, setzte ich mich wieder auf dieselbe Bank. Immer und immer wieder sagte ich:

„Was soll das alles bedeuten?"

Ich bat Gott um ein Zeichen. Ich sagte, ich würde nicht aufstehen, bevor er mir eines gäbe.

Kurz darauf kackte ein Vogel auf mich. Schon wieder. Ich glaube, ich war noch nie so glücklich. Vielleicht nur bei der Geburt meiner Kinder. Aber das hier – das war auch eine Art Geburtsmoment. Ich war mir sicher, dass Gott mir sagen wollte, dass alles gut werden würde.

Ich kam nach Hause – immer noch mit Vogelkot auf dem Hemd – und rief euphorisch:

„Schau! Ein Vogel hat mich getroffen! Ich habe mit Gott gesprochen – und alles wird gut!"

Aber in Tommys Augen konnte ich nur Angst sehen – und eine Art apostrophenförmige Augenbraue, als

Zeichen dafür, dass seine Frau gerade dabei war, den Verstand zu verlieren.

Kurz darauf fragte ich ihn:
„Bist du bereit, alles zu ändern?"

Tommy hat mir beigebracht, dass man nicht so viel Energie darauf verwenden muss, ob man an Gott glaubt – denn Gott glaubt an dich. Und Gott hilft dir, egal ob du den Sinn dahinter erkennst oder nicht.

Es geschehen jeden Tag Wunder. Und auch das Gegenteil. Und genau dann fragen wir uns, wie Gott so etwas zulassen kann.
Ich glaube nicht, dass Gott es zulässt – ich glaube, es ist den Menschen überlassen. Verantwortung und Entscheidungen sind ein Geschenk der Taufe.

Zellen sind im Grunde unsterblich. Es ist Krankheit, Umweltverschmutzung, Alterung, emotionaler Stress und anderes, das sie mutieren lässt und Krankheit hervorruft – darunter auch Krebs.

Einmal sagte jemand zu mir, dass es viele „K" braucht, um Krebs zu bekämpfen:
Klugheit. Kost. Kraft. Klarsicht. Und Liebe.

Und Zeit. Zeit ist alles.
Das sage ich sowohl zu dir als auch zum Gesundheitssystem.

Es ist kein Platz für Trödelei und Warterei. Lieber gestern als morgen.
Es gibt Raum für Verbesserungen.

Kapitel 2

Vor dem Sturm. (Oder danach). Ein kameradschaftliches Gespräch

Ditte: *„Wir haben sehr viel darüber gesprochen, wie dieses Buch anfangen soll, und du hast dich sehr mit dem Thema Anfang beschäftigt. Möchtest du das ein bisschen näher erklären?"*

Tommy: *„Ja, ich glaube, das habe ich von Johannes Sløk. Es gibt Menschen, die einfach anfangen zu schreiben — und dann gibt es diejenigen, die sich die gute Gewohnheit angewöhnt haben, erst einmal aufzuschreiben, wie sie zu diesem Anfang gekommen sind. Alles hat einen Anfang. Auch dieses Buch. "*

Ditte: *„Aber das wird dann umgekehrt auch ein bisschen lang, könnte man sagen.*
Wenn wir ganz zurück zu den Dinosauriern, dem Urknall gehen — beginnt es denn dort?
…(Pause)
Könnte es nicht die Geschichte von dir und mir sein?"

Tommy: *„Ja. "*
…(Pause)

Ditte: *„Wir haben uns am 2. August 2011 kennengelernt.“*

Tommy: *„Danke für die Hilfe. Das ist doch ein Anfang.*
Ich erinnere mich, dass wir bei unserem ersten Date ins Tivoli
gegangen sind – zum Joe-Cocker-Konzert. Er spielte zwei fast
schon prophetische Lieder, die für uns später Bedeutung bekamen.
Mein Lieblingslied: 'With a little help from my friends' – und
wohl deins: 'You can leave your hat on'.
Damit ging's los. Ich erinnere mich. Wir standen da und haben
mitgesungen.“

Ditte: *„Für mich bedeutete das Joe-Cocker-Lied vor allem, dass*
man keine Insel ist. Dass man Dinge bewältigt – und dass man
mit Freunden leichter durchs Leben kommt.“

Tommy: *„Ja.“*

Ditte: *„Es ist eine Hymne an die Freundschaft. Und ich habe*
unser Eheleben immer dann als besonders stark empfunden, wenn

die Freundschaft im Vordergrund stand. Also wenn wir

füreinander Freunde waren.

Und das ist interessant – im Hinblick auf Anfänge und Enden."

Tommy: *„Ja, ganz deiner Meinung.*

... (Pause)

Wir hatten heute einen Autor zu Besuch beim

Propstpfarrertreffen. Da fiel mir etwas ein, also fragte ich

ihn: ‚Was ist deine Poetik?' Poetik bedeutet: Warum schreibst

du? Was willst du mit dem, was du schreibst?

Ich habe das von jemandem, der über Leonard Cohen geschrieben

hat und seine Poetik beschrieb. Er schrieb:

‚I'm guided by the signals in the heaven, I'm guided by the birth

mark on my skin. I'm guided by the beauty of weapons.'

Also, er wird von etwas geleitet, um zu schreiben.

Das hat mir eine Idee gegeben:

Wovon werden wir eigentlich geleitet?"

Ditte: „*Vielleicht von all den Momenten, in denen der Ehepartner etwas sagt, und man denkt: ‚Ach nee, das will ich jetzt wirklich nicht hören.'*

Aber dann denke ich daran, dass du meinen Glauben an das Christentum stark verändert hast. Ich muss sagen: Wir werden von etwas geführt, das mit Glauben zu tun hat.

Ich mochte deine Theologie schon immer. Ich konnte mich mit deiner Theologie versöhnen. Wir dürfen ja unterschiedliche theologische Auffassungen haben – was ist Gott, wer ist Gott, was kann Gott, was können wir – all das.

Aber das Christentum hat erst wirklich mein Herz erreicht, als ich dich traf und kennenlernte. Es wurde plötzlich begreiflich, verständlich und sinnvoll für mich – durch deine Sichtweise.

Die Taufe hat für mich Sinn gemacht – und ich glaube, genau so wirkst du auch als Pfarrer auf viele Menschen. Du schaffst es, das Christentum für sie greifbar zu machen.

Es ist etwas Besonderes, mit König Frederik verheiratet zu sein – also ist es doch wohl auch etwas Besonderes, mit einem Pfarrer verheiratet zu sein.

…(Pause)

Aber es muss doch, denke ich, ein gemeinsamer Glaube an Gott gewesen sein, der es möglich gemacht hat, dass wir Wunder geschaffen haben?"

Tommy: *"Wie meinst du das? Ist es ein gemeinsamer Glaube, der das bewirkt hat? Hätte es nicht auch zwei unterschiedliche Arten von Glauben sein können?"*

Ditte: *"Doch. Genau das war es ja auch. Aber in meiner Welt kann man sagen:*
Um ein Wunder zu schaffen, muss man an ein Wunder glauben. "

Tommy: *"Wir haben mit ‚With a little help from my friends' angefangen. "*

Ditte: „Ja. Aber Freunde erschaffen ja nicht unbedingt Wunder."

Tommy: „Ich habe aber gehört, dass Gemeinschaften kleine Wunder bewirken können."

Ditte: „Ja. Aber es ist nicht gesagt, dass man den Krebs loswird, nur weil man gute Freunde hat."

Tommy: „Nein. Aber das Interessante daran ist doch, dass du sagst:
Wenn wir das zu einem gemeinsamen Glauben zusammenfügen, dann vermutest du, dass genau das im Hintergrund gewirkt hat – als etwas, das die Ergebnisse möglich gemacht hat.
Und das denke ich auch.
…(Pause)
Ich habe nur aus Neugier gefragt."
…(Pause)

Ditte: „*Aber wir haben doch gemeinsam diese Kontrolle und Steuerung losgelassen, als wir dachten, du würdest sterben – und alles in Gottes Hände gelegt haben. Das war doch etwas, das wir gemeinsam getan haben.*"

Tommy: „*... denn wir hatten ja niemand anderen, in dessen Hände wir es hätten legen können. Nicht das Herlev-Krankenhaus. Die hatten mich im Grunde schon aufgegeben.*

...(Pause)

Wir haben das Vertrauen in sie verloren.

Aber wir haben auch auf unser Bauchgefühl gehört – und aufeinander.

Ich habe dich gefragt: ‚Was würdest du tun?'

Und du hast gesagt: ‚Ich würde gehen.'

Und da habe ich mein Leben in deine Hände gelegt.

Wie Løgstrup sagt.

‚Aber Sie entscheiden selbst', sagte der Arzt. ‚Chemotherapie oder Immuntherapie?'

Ich sollte entscheiden. Das hat bei mir alle Alarmglocken schrillen lassen.

Es war seltsam, dass ich plötzlich selbst entscheiden sollte — wo ich doch so schwer krank war."

Tommy: *"Wir haben mit ‚With a little help from my friends' angefangen."*

Ditte: *"Ja. Aber Freunde erschaffen ja nicht unbedingt Wunder."*

Tommy: *"Ich habe aber gehört, dass Gemeinschaften kleine Wunder bewirken können."*

Ditte: *"Ja. Aber es ist nicht gesagt, dass man den Krebs loswird, nur weil man gute Freunde hat."*

Tommy: *"Nein. Aber das Interessante daran ist doch, dass du sagst:*
Wenn wir das zu einem gemeinsamen Glauben zusammenfügen,

dann vermutest du, dass genau das im Hintergrund gewirkt hat –

als etwas, das die Ergebnisse möglich gemacht hat.

Und das denke ich auch.

…(Pause)

Ich habe nur aus Neugier gefragt. "

…(Pause)

Ditte: *„Aber wir haben doch gemeinsam diese Kontrolle und Steuerung losgelassen, als wir dachten, du würdest sterben – und alles in Gottes Hände gelegt haben. Das war doch etwas, das wir gemeinsam getan haben. "*

Tommy: *„… denn wir hatten ja niemand anderen, in dessen Hände wir es hätten legen können. Nicht das Herlev-Krankenhaus. Die hatten mich im Grunde schon aufgegeben.*

…(Pause)

Wir haben das Vertrauen in sie verloren.

Aber wir haben auch auf unser Bauchgefühl gehört – und aufeinander.

Ich habe dich gefragt: ,Was würdest du tun?'

Und du hast gesagt: ,Ich würde gehen.'

Und da habe ich mein Leben in deine Hände gelegt.

Wie Løgstrup sagt.

,Aber Sie entscheiden selbst', sagte der Arzt. ,Chemotherapie oder
Immuntherapie?'

Ich sollte entscheiden. Das hat bei mir alle Alarmglocken schrillen
lassen.

Es war seltsam, dass ich plötzlich selbst entscheiden sollte – wo
ich doch so schwer krank war."

Ditte: *„Ich habe am Anfang gesagt, dass das keine faire Frage*
war, die man mir gestellt hat.

Es war nicht an dem Tag, an dem wir Nein gesagt haben. Wir
waren zweimal dort.

Erst beim zweiten Mal, als wir mit der Chefärztin sprachen.

Das ist also eine ganz andere Geschichte – wie wir als Ehepaar
dort saßen, in einer wirklich verletzlichen Situation, weil unsere

Ehe im Begriff war, sich aufzulösen – dadurch, dass du bald

nicht mehr da sein würdest.

Sieben Monate – das hatten wir ausgerechnet.

Warum sagst du immer wieder Chemotherapie? Die konnte dir

doch gar nicht angeboten werden?"

Tommy: *„Doch."*

Ditte: *„Nein."*

Tommy: *„Ach so, konnte ich nicht? Ich erinnere mich nicht."*

Ditte: *„Du konntest eine Chemotherapie wählen, falls die*
Immuntherapie nicht wirken würde."

Tommy: *„Ich erinnere mich nicht. Ich weiß nur noch, dass ich*
plötzlich die Entscheidungen treffen musste."

Ditte: *„… und deshalb wurde die Immuntherapie als erste*
Option angeboten – und Chemotherapie als zweite."

Tommy: *„Wir sind gegangen?"*

Ditte: *„Ja!"*

Tommy: *„Okay."*

Ditte: *„Da hätte ich eigentlich zurück in ihr Büro gehen, den Kopf reinstecken und sagen sollen: ‚You can leave your hat on'* … *(lacht) – das war wirklich der einzige Moment, in dem ich diesen Song sinnvoll hätte einsetzen können…"* (zwinkert)

Kapitel 3

Adams Äpfel

Hast du jemals den Film *Adams Äpfel* gesehen?

So einen Mann habe ich.

Für dich, der den Film nicht gesehen hat: Es geht um Glauben.

Was manche als Verleugnung bezeichnen würden.

Es zeigt sich als ein intensives Phänomen: Der Pfarrer leidet an einem unheilbaren Gehirntumor, und immer wenn sein Glaube schwächer wird, verschlimmern sich seine Symptome.

So ist es auch ein bisschen mit Tommy.

Während des gesamten Krankheitsverlaufs – der sich als viel länger herausstellte und eigentlich schon 2018 begann, obwohl er erst 2021 entdeckt wurde – hatte er gerade einmal vier Krankheitstage.

Im Juni 2021 erhielt er von seinem Arzt die Mitteilung,
dass ein Tumor in der Leber gefunden worden war.
Der Arzt beruhigte ihn und sagte, es handele sich
lediglich um eine gutartige Geschwulst.
Wir atmeten erleichtert auf.

Ein Arzt aus einem anderen Krankenhaus entschied
jedoch vorsichtshalber, ein Krebsdiagnostik-Programm
zu starten. Die Last fiel von unseren Schultern.
Wir konnten die Hochzeit meiner Tochter im Garten
feiern – unbeschwert.
Aber das hielt nicht lange an.

Es stellte sich ziemlich schnell heraus, dass es sich höchstwahrscheinlich um einen bösartigen Tumor handelte – also Krebs.

Selbst das konnte unseren Hoffnungsschimmer nicht zerstören.

Man sprach davon, dass er durch eine Operation am Rigshospitalet am 7. September 2021 vollständig geheilt werden könnte.

Die Operation dauerte sechs Stunden.

Es stellte sich heraus, dass sich zwei Tumore im linken Leberlappen befanden, und der Großteil davon musste entfernt werden, um sicherzugehen, dass alles erfasst wurde. Das nennt man einen Resektionsrand – man entfernt etwas zusätzliches Gewebe, um sicherzugehen, dass der gesamte Krebs entfernt wird.

Diese Operation hätte am 6. September 2021 im Rigshospitalet stattfinden sollen.

Er sollte um halb sechs morgens los, abgeholt von meiner ältesten Tochter – denn wir mussten uns ja auch um unsere jüngste Tochter kümmern.

Der Plan war, dass wir nach Kopenhagen ins Rigshospitalet fahren und ihn besuchen würden, sobald die Operation vorbei war.

Aber alles verzögerte sich.

Ich lief hier zu Hause herum wie ein Löwe im Käfig – oder wie ein Grönländer in Polizeigewahrsam – und wartete darauf, etwas von ihm zu hören.

Gegen halb vier am Nachmittag kam endlich eine Nachricht:

Er war noch gar nicht auf dem Operationstisch gewesen, weil ein dringenderer Notfall dazwischengekommen war.

Also musste er die Kompressionsstrümpfe wieder ausziehen, nach Hause zurückkehren und es am nächsten Tag noch einmal versuchen.

Es war auf der einen Seite unglaublich invasiv – und auf der anderen Seite wussten wir natürlich auch, dass es immer jemanden gibt, dem es noch schlechter geht, wenn so etwas passiert.

Wir begannen am 7. September 2021 noch einmal von vorn – mit genau demselben Ablauf.
Wir machten uns bereit, ihn im Krankenhaus zu besuchen. Wir wussten, dass die Operation etwa sechs Stunden dauern würde.
Wir hatten also genug Zeit, uns vorzubereiten.

Ich hatte an diesem Tag furchtbare Angst.

Ich hatte Angst, ihn zu verlieren.

Ich hatte Angst, dass sie während der Operation etwas entdecken würden, das den Eingriff unmöglich machen würde – und dass er wieder nach Hause geschickt würde.

Ich hatte einfach vor allem Angst.

An diesem Tag spürte ich besonders deutlich, was es bedeutet, Pfarrfrau zu sein – und Statistin in einem Amt, in dem alles, was draußen im Vorgarten passiert, Vorrang hat.

An diesem Tag war es eine Beerdigung, die einer seiner Kollegen in seinem Namen in der Kirche von Sønderup abhielt.

Das bedeutete: Die Fahne war auf halbmast gesetzt
worden.

Als ich das sah, verspürte ich den Drang, hinauszugehen
und sie hochzuziehen – obwohl ich natürlich wusste,
dass gerade eine andere Familie in Trauer war.

Ich beschloss, dass ich es einfach nicht ertrug, diese
Halbmast-Flagge zu sehen.

Stattdessen ging ich hinten herum – über den alten
Parkplatz, durch den Wald, Matsch, Gestrüpp und
Bäume –
und als ich wieder herauskam, sah ich aus wie eine
wandelnde Schlammpfütze oder jemand, der gerade aus
dem Dschungel geborgen wurde.

Nur um nicht an der Fahne vorbeigehen zu müssen.

Auf meiner Facebook-Seite erschien eine Erinnerung –
von einem Konzert, das er in einer Kirche gegeben
hatte, wo er mein Lieblingslied von Elton John spielte

und sang: *„Your Song".*

Es war, als ob Zeit und Raum sich auflösten – dort im Auto auf dem Weg zum Rigshospitalet.

Ich hatte das Gefühl, dass er – obwohl er bewusstlos auf dem Operationstisch lag, unter dem Messer – für mich sang, um mich zu trösten.

Als wir im Rigshospitalet ankamen, lag er in einem Sechsbettzimmer und unterhielt alle auf die typische *„Tommy-Art".*
Wir hatten ein paar Dinge für ihn mitgebracht.

Ein Foto von uns, das er anschauen konnte, und ein paar Blumen.
Wir versuchten, ein wenig zu plaudern.

Ich hatte sogar die Erlaubnis bekommen, ihn bereits im Aufwachraum zu besuchen.
Dort hatten sie es ziemlich eilig, ihn wieder loszuwerden

– denn er versuchte auch dort, alle zu beschäftigen.

Er brachte die Anästhesieärzte und Pflegekräfte dazu, die seltsamsten Aufgaben zu erledigen: das Bett anheben, das Bett senken, sich seine Geschichten und Anekdoten als Pfarrer anzuhören.

Eine Krankenschwester kam heraus, schaute mich mit einem wissenden Blick an und sagte:

„Es dauert NICHT lange, bis Ihr Mann wieder auf der Station ist.“

Er wirkte ein wenig manisch und verwirrt wegen der Narkose.

Er sprach auch über seine Mitpatienten, als könnten sie ihn nicht hören – darüber haben wir später viel gelacht.

Er lag da und erklärte bei jedem Patienten, was sie seiner Meinung nach hatten, wie ernst ihr Zustand war und wie lange sie wohl noch zu leben hätten.

Er hatte ja ein Rauchverbot bekommen, aber er wollte

so gerne rauchen – und obwohl ich selbst aus dem

Gesundheitsbereich komme, wollte ich ihm diesen

Wunsch erfüllen.

Also – Hand in Hand, wie zwei kleine Gangster – baten

wir Tenna und Sally, Wache zu halten, während wir uns

an den Händen hielten und uns aus der Station

herausschlichen.

Mit Tommy im Rollstuhl – vom zwölften Stock runter

bis zu den Raucherpavillons.

Raus in die frische Luft, raus in die Welt.

Dort saß er dann und rauchte wie ein Schlot.

Nachdem er eine Zigarette geraucht hatte, wollte ich,

dass er zurück auf die Station ging.

Ich hatte schließlich eine gewisse Verantwortung – mit

einem Mann an meiner Seite, dem man gerade ein

ordentliches Stück Leber entfernt hatte.

Ich dachte, er wäre im Krankenhaus besser aufgehoben.

Aber er bat um noch eine Zigarette – und noch eine.

Und ich genoss es einfach, in seinem Arm zu sitzen.

Ich hoffte, dass die Tumore weg waren und dass jetzt
alles gut war –

obwohl ich tief in mir wusste, dass das eine dicke Lüge
war.

Als wir zurückkamen, bestellte er alles, was auf der
Speisekarte stand – das macht er jedes Mal, wenn er im
Krankenhaus ist.

All das, worüber wir anderen die Augen verdrehen,

dafür ist sein Leben zu kurz, um Rücksicht zu nehmen.

Warum also nicht auch ein Stück Marzipankuchen

probieren, wenn man schon die Gelegenheit dazu hat?

Wir fuhren nach Hause – es fiel schwer, sich von ihm zu verabschieden.

Ich verbrachte den Großteil der Nacht damit, wach zu liegen und zu grübeln:

Wie war es gelaufen?

Hatten sie wirklich alles entfernt?

Würde er es schaffen?

War es vorbei?

Oder würde es zurückkommen?

Am nächsten Tag bekam er die Nachricht, dass er entlassen werden konnte.

Ich fand das etwas früh.

Eine freundliche Ärztin kam und erklärte uns, was sie gemacht hatten.

Dabei teilte sie uns auch die etwas ernüchternde Nachricht mit – die ich innerlich ohnehin schon erwartet hatte:

Er müsse nun alle drei Monate zur Kontrolle – für den Rest seines Lebens.

Er könne nie offiziell als geheilt gelten.

Denn selbst wenn sie operieren und ihr Bestes tun – das sind die Mittel, die ihnen zur Verfügung stehen – bei acht von zehn kehrt der Krebs zurück.

Sagen wir ruhig zehn von zehn.

Es schadet nicht, wenn manche für eine gewisse Zeit glauben dürfen, dass sie diejenigen sind, die davonkommen.

Kapitel 4

Das Todesurteil

Im Dezember wurde er gescannt.

Zum Glück zeigte der Scan zunächst nichts
Verdächtiges.

Leider hatte jedoch jemand vergessen, den
Tumormarker Alpha-Fetoprotein anzufordern – ebenso
wie eine klinische Nachkontrolle.

Das Ganze wurde stattdessen mit einem
Telefongespräch abgehandelt.

Mittlerweile bin ich so etwas wie eine Expertin für
dieses Protein geworden und weiß, dass ein Anstieg des
Alpha-Fetoproteins oft bereits acht Wochen vor dem
sichtbar ist, was man auf einem Scan erkennen kann.

Als er im März erneut gescannt wurde, war das Bild
leider chaotisch – und deutlich schlimmer.

Sein Alpha-Fetoprotein, das normalerweise unter zehn
liegen sollte, war in weniger als sechs Monaten auf über
16.500 angestiegen –

oder wie Sally es gesagt hätte: *„ein Krokodilmaul, das in die falsche Richtung zeigt."*

Es gab mehrere Tumore in der Leber – einer davon blockierte beinahe die Hauptschlagader.

Es war ein Schock.
Wir wussten genau, was das bedeutete. Ich wusste es wohl ein wenig mehr als Tommy.
Ich wusste, dass es sich um Krebs im Stadium vier handelte – wo nur noch eine systemische Behandlung möglich ist, also entweder eine lebensverlängernde oder eine palliative Maßnahme.
Eine etwas andere Realität – um es vorsichtig auszudrücken.

Eine Operation wurde schnell ausgeschlossen – sowohl wegen der Streuung in mehreren Segmenten als auch, weil einer der Tumore so nah an der Hauptschlagader lag, dass eine Operation zu gefährlich gewesen wäre.

Danach verging viel Zeit mit der Prüfung alternativer Behandlungsmöglichkeiten – unter anderem der SIRT-Behandlung.
Das ist eine spezielle Form der Bestrahlung, bei der Partikel in einer besonderen Mischung extra aus Japan eingeflogen werden.
Auch hier wurde er abgelehnt.
Weitere Möglichkeiten wurden geprüft, angesprochen – und abgelehnt.

Diese "Untersuchung" zog sich über mehrere Monate hin und wirkte ausgesprochen ineffektiv.
Man prüfte jeweils nur eine Option – an verschiedenen Orten im Land.

Material musste hin- und hergeschickt werden,
Konferenzen abgehalten.
Dann kam wieder ein „Nein", und beim nächsten Ort
fing man wieder von vorne an.

Ich weiß nicht, ob das eine perfide, bewusste Handlung
des Gesundheitssystems ist – damit man etwas Zeit hat,
seine Todesdiagnose zu verdauen –
oder ob es wirklich so erschreckend frei von gesundem
Menschenverstand ist, wo man doch weiß, dass Zeit
eine entscheidende Rolle spielt –
für die Ausbreitung des Krebses und die
Überlebenschancen?

Kapitel 5

Das Strindberg-Drama im polnischen Flughafen

Anfang Mai 2022 wurde Tommy an das „Tal des Todes" in Herlev überwiesen (Onkologische Abteilung, Station C).

Ich wusste, was das bedeutete.

Er wusste es nicht.

Ich erinnere mich genau an unsere Ankunft.

Wir haben beide einen etwas seltsamen Humor.

Vielleicht, um das Ganze irgendwie auszuhalten, machten wir uns ein bisschen über das Szenario lustig.

Ich nannte es unter anderem „einen polnischen Flughafen".

Als wir schließlich Station C fanden, saß dort eine sehr schlecht gelaunte Empfangsdame.

Auch die CPR-Maschine (zum Einlesen der Versichertenkarte) funktionierte nicht.

Sie war so mürrisch, dass sie die Papiere einfach aus ihrem Kabuff warf, und Tommy musste sie vom Boden aufheben.

Da begannen wir zu lachen.

Wir machten Witze darüber, dass sie der Welt vermutlich mehr nützen würde, wenn sie Thunfisch in Dosen verpackte.

Die Ärztin, mit der wir sprechen sollten, war eine junge Norwegerin mit Pferdeschwanz.

Sie gab ihr Bestes, aber viele unserer Fragen konnte sie nicht beantworten – oder sie traute sich nicht.

Ich war es, die die Bombe platzen ließ –

ich sah sie an, sah Tommy an, wie eine konfrontative Paartherapeutin,

und fragte sie direkt in die Augen:

„Okay, aber können Sie mir dann sagen, wie viele diese Behandlung überleben?"

„Jaaah... Es sind ja nicht viele..." nuschelte sie im Norwegisch-Dänischen Mischdialekt.

Ich fragte sie dann, wie lange er realistischerweise noch zu leben hätte.

Darauf wollte sie nicht antworten (was man ja irgendwie auch verstehen kann – sie ist schließlich keine Wahrsagerin).

Aber auch die statistischen Fakten wollte sie nicht auf den Tisch legen.

Ich vermute, sie war nicht im Hörsaal, als Dozent Blomme über *„das schwierige Gespräch"* unterrichtete.

Wir fühlten uns verwirrt – und mit noch mehr Fragen zurückgelassen als zuvor.

Das machte mich sehr unzufrieden, weshalb ich mich an die Abteilung wandte.

Zwei Chefärzte aus zwei verschiedenen Krankenhäusern setzten sich daraufhin in Verbindung, und wir bekamen einen neuen Termin.

Dieses Mal bei einer autoritäreren Chefärztin.

Sie war direkt, kühl – und ehrlich.

Sie schätzte, dass er realistisch noch drei bis sechs Monate zu leben hätte,

machte aber nicht den Eindruck, als hätte sie das dringende Bedürfnis, uns exakt mitzuteilen, wann der Sarg bestellt werden müsse.

Sie blätterte in etwas, das aussah wie Ausdrucke von Forschungsartikeln über die Wirksamkeit bestimmter

Medikamente –

Baibasuldedibab und *Mayasulvasam* oder so ähnlich –

einzeln oder in Kombination.

Es klang auf jeden Fall ziemlich gruselig.

Er bekam das Angebot einer lebensverlängernden

Immuntherapie.

Die durchschnittliche Überlebensdauer liegt bei 3,9

Monaten –

bei vielen nur ein paar Monate.

In dieser Zeit könnte er die Behandlung direkt in die

Blutbahn am Herlev-Krankenhaus erhalten.

Mit einem hohen Risiko für schwere und gefährliche

Nebenwirkungen,

aber mit einer möglichen Wirkung bei 21 % der Männer.

Ich lief übrigens draußen auf dem Flur herum, weil ich eine Patientenschadensanzeige eingeleitet hatte – was Tommy nicht für sich behalten wollte.

Zur Ärztin sagte er ganz offen:

„Sie spricht mit der Patientenversicherung, sie hat sich schon über euch beschwert."

Zwischendurch kam ich dann immer wieder entschuldigend und nickend zurück ins Zimmer und meinte, ich käme gleich ganz zurück.

Als ich schließlich zurückkam, sah sie uns beide misstrauisch an und fragte:

„Nehmen Sie das hier auf?"

Erst später verstand ich, warum sie diese Frage gestellt hatte.

Auf den eigentlichen Patientenschadensfall gehe ich in einem späteren Kapitel noch einmal ein.

Die Chefärztin wollte wissen, ob er das Angebot annehmen wolle.

Die Nebenwirkungen waren nicht ohne.

Sie zählte sie beiläufig auf: Thrombosen, Blutungen, neurologische Störungen, das Risiko, im Rollstuhl zu landen...

Und wie die erste Ärztin wiederholte auch sie ständig:

„Aber du entscheidest das selbst!"

Er sah immer blasser aus. Immer hoffnungsloser.

Etwas, das ich nie vergessen werde, war dieser Blick, den er mir zuwarf.

Er sah mich verzweifelt an und sagte:

„Was würdest du tun?"

Ich sah ihn an und antwortete, dass das die
ungerechteste Frage der Welt sei.

Doch er blieb hartnäckig – kühl, mit Ohropax in den
Ohren:
„Aber was würdest du tun, Ditte?"

Ich sagte:
„Willst du die ehrliche Antwort hören?"
„Ja, bitte."

Ab diesem Moment wurde die Chefärztin
zur stammelnden Statistin in einem Strindberg-
Drama degradiert.

Ich antwortete:

„Weißt du, was ich tun würde? Ich würde meine Papiere, meine
Tasche und meine Frau nehmen und sagen: Danke – aber nein
danke.
Ich würde nicht die letzten zwei Monate meines Lebens im
Rollstuhl, mit Hirnblutung, in einem polnischen Flughafen
verbringen wollen –
sondern lieber die kurze Zeit genießen, die mir mit den Menschen
bleibt, die ich liebe."

Es lässt sich kaum in Worte fassen, wie es sich anfühlte,
aus der onkologischen Abteilung des Herlev-
Krankenhauses hinauszutreten.
Ein Ort, an dem selbst das Personal bei offener Tür
sitzt und laut über die eigenen Witze lacht, während
todkranke Menschen im Wartezimmer in einer Reihe
sitzen – und auf ihr Urteil warten.
Stell dir vor, es wäre umgekehrt:

Dass die armen Patienten kichern würden – über ihre stinkenden Makrelenbrote.

Wir kamen hinaus in die Sonne, zurück ins Leben.
Es war still.
Wir fuhren ein wenig herum.
Verwirrt und schockiert landeten wir bei McDonald's.
Dort saßen wir – jeder mit seinen Chili Cheese Tops – und die Tränen tropften uns ins Essen.

Ich sagte:
„Was willst du eigentlich – verbrannt oder beerdigt werden?"

Das dänische System zeigte wenig Begeisterung oder Respekt für Tommys Entscheidung.
Es war verantwortungsvoll, dass sie sich nicht in alternative Behandlungen einmischen wollten –
aber der Widerstand, dem wir später begegneten, war

sowohl unsachlich als auch kleinlich.

Fast schon absurd.

Das Gespräch mit der Chefärztin endete damit, dass sie
erst die Erlaubnis der leitenden Oberärztin einholen
musste, um Tommy überhaupt noch einmal
kontrollieren zu dürfen, falls wir die Behandlung in
Dänemark ablehnten.

Sie verglich es mit einem Fall, in dem man schließlich
auch eine gewisse Verantwortung habe – selbst wenn
jemand sich in Rumänien Silikonbrüste habe machen
lassen.

Wirklich ein sehr passender Vergleich.

Wir bekamen die Zustimmung –

aber auch den unfähigsten, tragikomischsten

Befundbericht, den ich je gelesen habe.

Der Radiologe schrieb, dass die Bilder nichts Auffälliges

zeigten – und dass er sich ohnehin nicht äußern

wolle, da die Behandlung ja nicht in ihrer

Zuständigkeit erfolgt sei.

Ich schrie.

Ich beschwerte mich.

Ich protestierte.

Aber sie blieben dabei.

Siehe bitte den onkologischen Vermerk auf der Kapitel-

Vorderseite.

Ich begann, Angst zu entwickeln.

Angst, ihn zu verlieren.

Überdenken.

Hysterisch aufmerksam auf jedes Husten, jeden

Schnupfen, Durchfall, Hautfarbton usw.

Später erfuhr ich, dass das einen Namen hat:

Voraus-Trauer.

Kapitel 6

Die Engelschar

AMYLASE;P				= BASISK FOSFATASE;P		
Amylase;P U/L	29	25	120	Basisk fosfatase;P U/L	68	35 105

BASOFILOCYTTER;B			CARCINOEMBRYONALT ANTIGEN;P		
Basofilocytter;B x 10E9/L	Værdi 0,0 Normalområde <0,1		Carcinoembryon alt antigen;P µg/L	1,6	0,0 5,0

= EGFR/1,73M²(CKD-EPI);NYRE			EOSINOFILOCYTTER;B		
eGFR / 1,73m² (CKD-EPI) mL/min1,73m2	Værdi >90 Normalområde >60		Eosinofilocytter; B x 10E9/L	Værdi 0,1 Normalområde <0,5	

HÆMOGLOBIN;B			= KALIUM;P		
Hæmoglobin;B mmol/L	9,2	8,3 10,5	Kalium;P mmol/L	4,3	3,5 4,6

= KREATININ;P			LAKTATDEHYDROGENASE;P		
Kreatinin;P umol/L	63	60 105	Laktatdehydrog enase [LDH];P U/L	190	105 205

LEUKOCYTTER;B			LEUKOCYTTYPE GRUPPE;B	
Leukocytter;B x 10E9/L	7,5	3,5 8,8	Leukocyttype gruppe;B	Værdi Gruppe

= LYMFOCYTTER;B			= METAMYELO.+MYELO.+PROMYELOCYTTER;B		
Lymfocytter;B x 10E9/L	3,3	1,3 3,5	Metamyelo.+Mye lo.+Promyelocyt ter;B x 10E9/L	Værdi 0,0 Normalområde <0,1	

= ⊕ MONOCYTTER;B			= NATRIUM;P		
Monocytter;B x 10E9/L	0,8	0,2 0,7	Natrium;P mmol/L	138	137 145

= NEUTROFILOCYTTER (SEGMK.+STAVK.);B			= TROMBOCYTTER;B		
Neutrophilocyt er (segmk.+stavk.); B x 10E9/L	3,2	2,0 7,0	Trombocytter;B x 10E9/L	219	145 390

Auch die Familie war geschockt.

Wir haben beide erwachsene Kinder aus früheren Beziehungen – und dann ist da noch unsere kleine Nachzüglerin Sally.

Sie war damals sieben Jahre alt.

Wir sagten ihr, dass Papa eine ernste Krankheit an der Leber habe, aber dass die Ärzte ihr Bestes täten.

Von diesem Tag an begann ein Prozess, bei dem ich glaube, dass sie sich ganz instinktiv selbst zu schützen begann.

Sie zog sich ein wenig von ihm zurück.

Sie suchte seltener seine Nähe.

Vor meinem inneren Auge begannen sich Bilder abzuzeichnen, die ich nicht mehr loswurde:

Bilder von Tommys Tod.

Von seiner Beerdigung.

Von unserer Tochter am Sarg.

Von unserem Leben ohne ihn.

Gleichzeitig spielte ich die Hoffnungsvolle.

Die Kluge.

Eine von denen, die sagen: *„Es wird schon alles gut.“*

Die dänische Krebsgesellschaft (*Kræftens Bekæmpelse*) bot psychologische Gespräche an.

Das war gut – denke ich.

Denn bis zu dem Moment hatte er kaum eine Reaktion gezeigt. Erst als wir dort saßen, brach er völlig zusammen.

Vor allem, weil er Angst hatte, uns zurückzulassen.

Das ist wohl auch das Netteste, was ich über Kræftens Bekæmpelse sagen kann.

Drüben bei der Kirche steht die Bank, auf der ich oft
gesessen habe.
Das erste Mal, als ich dort saß, war ebenfalls ernst.

Wie bereits erwähnt, habe ich seit dem Tag, an dem der
Vogel mich zum zweiten Mal traf, nie mehr daran
gezweifelt, dass er überleben würde.

Ich habe früher mit Krebspatienten gearbeitet – und mit
alternativen Heilmethoden.
Ich kannte Claus Hancke, einen kompetenten Arzt mit
Spezialisierung auf Ernährung und Krebs.

Wir versuchten, Kontakt zu ihm aufzunehmen.
Außerdem traten wir einem Verein
namens „Tidslerne" bei – einer alternativen
Krebsvereinigung.

Witzigerweise gab es nur wenige Tage später
einen Online-Vortrag mit Claus Hancke.
Man konnte Fragen stellen.

Vor dem Vortrag las ich ALLES.
Ich suchte alles, was ich finden konnte: Studien, Artikel,
Erfahrungsberichte, Behandlungsmöglichkeiten im
Ausland.

Ich stieß auf etwas in Japan, in den USA und
in Frankfurt, Deutschland.
Der Arzt dort hieß Thomas Vogl.

Beim Vortrag fragte ich Claus Hancke, was er von Vogl
halte.
Er sagte, dass es – wenn man es sich leisten könne –
eine sehr gute Idee sei.

Thomas Vogl führte sogenannte TACE-Behandlungen durch:

lokale Chemotherapie, die direkt in die Tumore gespritzt wird.

Und auch sogenannte Ablationsbehandlungen, bei denen eine Flüssigkeit auf 90 Grad erhitzt und direkt in den Tumor gespritzt wird.

Er erzählte auch, dass seine frühere Klinik jetzt in Søborg sei.

Wir riefen dort an und bekamen einen Termin.

Wir sprachen mit einer erfahrenen Ärztin mit vielen Berufsjahren.

Sie wirkte erstaunlich ruhig. Das verstand ich später – sie hatte weitaus positivere Erfahrungen als der Rest des dänischen Systems.

Sie hatte Patienten mit derselben Krebsart behandelt,
die weiterlebten – einige sogar als geheilt galten.

Sie nahm sich Zeit.

Sie erklärte alles. Über den Krebs. Über Tommy.
Über Faktoren, die eine Rolle gespielt haben könnten.

Und dann stellte sie – fast mit denselben Worten, die
ich selbst einmal benutzt hatte – die Frage:

„Ist Tommy bereit, alles zu verändern?"

Sie begann zu zeichnen. Kleine Kreise: Ernährung.
Schlaf. Umweltbelastung. Bewegung. Gefühle. Wut.

Dann sah sie ihn ernst an und sagte:

„Du bist sehr wütend auf deine Mutter."

Das war ... eine seltsame Erfahrung.
Sie sah aus wie eine Ärztin – weißer Kittel, schmal, leise

—

aber sie verhielt sich wie eine Mischung

aus Psychologin, weiser Frau und Onkologin.

Wir hatten unbedingtes Vertrauen zu ihr.

Sie erklärte auf zellulärer Ebene.

Zeichnete Zellen als kleine Kreuze.

Erklärte Telomere – wie sie sich im Laufe der Jahre

abnutzen.

Wie Mutationen entstehen.

Wie das Immunsystem normalerweise Krebszellen

beseitigt –

aber manchmal die Kontrolle verliert.

Sie ließ es nicht wie ein Todesurteil klingen.

Sie ließ es wie eine Aufgabe klingen.

Wir waren noch ganz benommen, als wir die Praxis
verließen.

Alles zu verändern bedeutet, dass man sein zuhause
komplett von Chemikalien, Konservierungsstoffen,
weißem Zucker, Spülmittel, Seife, Shampoo,
Reinigungsmitteln und Lebensmitteln befreit.
Alles, was nicht biologisch ist, wird durch Bio-
Produkte ersetzt.
Man kauft 500 verschiedene Nahrungsergänzungsmittel,
die das Immunsystem stärken sollen.
Dann erstellt man einen Ernährungsplan, der randvoll

ist mit allem, was gegen Krebs helfen soll –
und dann beginnt man zu schnippeln.

Ich habe mittlerweile so eine Art Hass auf das
Schnippeln entwickelt.
Ich hasse es, Gemüse zu schneiden.
Ich habe es eigentlich schon immer gehasst – es ist für
mich wie das Warten auf einen verspäteten Bus oder
Zug.
Ich bin ein ungeduldiger Mensch – für mich ist die reine
Zeitverschwendung.

Ich glaube, das war das Jahr, in dem ich von meiner
Mutter zu Weihnachten einen Gemüseschneider bekam.
Ich habe allerdings nie gelernt, das Ding
zusammenzubauen.

Fast ein ganzes Jahr lang stand ich vermutlich von
morgens bis spätabends in der Küche und machte:

frisch gepressten Selleriesaft, frisch gepressten Rote-Bete-Saft, frisch gepressten Karottensaft

Vor allem Selleriesaft.
Selleriesaft, weil ich gehört hatte, dass er besonders gut den Körper und vor allem die Leber entgiftet.
Davon bekam er also jede Menge.

Er bekam sogar so viel, dass sein Kaliumwert dauerhaft zu hoch war – da mussten wir erstmal ein Gleichgewicht finden.
Dazu bekam er jede Menge Antioxidantien.

Antioxidantien sind so ein eigenes Kapitel.
Ich habe tatsächlich eine ärztliche Notiz, die beweist, dass die betreffende Ärztin entweder nicht anwesend war in den zwei Stunden Ernährungsunterricht, die Medizinstudierende bekommen –
oder dass sie einfach nicht verstanden hat, was der

Unterschied zwischen Antioxidantien und freien Radikalen ist.

Sie schrieb in den Bericht, dass Tommy *freie Radikale zu sich nehme.*

Darüber haben wir wirklich viel gelacht – mitten in all der Tragödie.

Und ich glaube, das ist unsere Stärke:

Lachen. Auch das Schwarze.

Na ja – und ich schnitt und schnitt und schnitt.

Tommy hat einen wirklich großartigen Arzt.

Er ist einer der wenigen Ärzte in Dänemark, die auch noch Menschen sind.

Einer von denen, die erkennen können, dass im Gesundheitssystem manchmal etwas ganz gewaltig schiefläuft.

In dieser Geschichte gab es so viele Engel.

Niels ist einer von ihnen.

Ich muss seinen Nachnamen nicht nennen – er weiß, dass er gemeint ist.

Er war derjenige, der sich um all das kümmerte, was die anderen nicht tun wollten.

All das, was ich verlangte – und was für Niels auch absolut sinnvoll war.

Unter anderem, deswegen durften wir bereits vor den Behandlungen in Frankfurt seinen Immunstatus prüfen lassen.

Das war eine riesige Motivation, weiterzumachen.

Wir konnten in den Laborwerten sehen, dass

sein Immunsystem mit irgendetwas kämpfte –

was natürlich der neu entdeckte, gestreute Krebs war.

Wir konnten aber auch sehen, dass schon nach einem Monat,

mit veränderter Ernährung, ohne Chemikalien, mit

seltsamer Zahnpasta aus dem Reformhaus,

mit Bewegung auf dem Fahrrad

und 47 verschiedenen Nahrungsergänzungsmitteln –

von Darmbakterien über Q10 bis zu riesigen

Vitaminpillen und hochdosiertem Vitamin-C-Pulver –

sein Immunsystem plötzlich wieder im Normalbereich

war.

Schon bevor wir überhaupt zu Vogl gereist sind.

Ich finde, dass diese ganze Zeit so surreal erscheint,
wenn ich daran zurückdenke –
weil wir Dinge getan haben, die fast unmöglich waren.
Wir haben Dinge getan, die völlig außerhalb jeder
Norm lagen –
und trotzdem haben wir ins Schwarze getroffen.

Alles zu verändern ist ein umfangreiches Projekt.
Es bedeutet, dass wirklich alles – ja, alles – umgestellt
werden muss.
Alles, was du bisher gegessen, getrunken, auf deine
Haut geschmiert, zum Putzen verwendet hast usw.,
muss ersetzt werden.
Auch im Denken und Fühlen wird ausgemistet.

Der Grund, warum wir so schnell an die Theorien über Ernährung und Krebs geglaubt haben, war:
Es ergab so viel Sinn.

Wir beschlossen, loszulegen.
Tommy ging es in seinem eigenen Tempo und auf seine eigene Weise an.
Für ihn ging es darum, wie er sagte, *"den Krebs depressiv zu machen"* –
ihn auszuhungern, ihn so traurig und kraftlos zu machen,
dass er morgens nicht mehr aus dem Bett kam...

In fachlicher Hinsicht ging es darum, das Immunsystem zu stärken.
Heute wissen wir, dass sein Immunsystem einen großen Beitrag dazu geleistet hat, den Krebs zurückzudrängen.

Alles begann mit dem Gespräch bei der Ärztin in der
Klinik in Nordseeland.
Sie sagte ihm, dass der erste und wichtigste
Schritt sei, alle Gifte und Chemikalien zu vermeiden.

Am Anfang hatten wir keine Ahnung, was das genau
bedeutete –
aber wir wussten: Alles Überflüssige muss raus.

Alles, womit er sich eingecremt hatte, womit er sich
gewaschen hatte, Kleidung, Reinigungsmittel –
alles wurde ersetzt.

Wir kauften einen hochentwickelten Wasserfilter,
der den Großteil der giftigen Stoffe entfernt –
die leider selbst im dänischen Trinkwasser enthalten
sind.

Du kannst das übrigens selbst bei deinem kommunalen

Wasserwerk nachlesen –

die Zahlen stehen schwarz auf weiß.

Viele dieser Stoffe sind zugelassen, überschreiten aber

die gesundheitlichen Empfehlungen.

Es ist nicht wenig, was man im Trinkwasser finden

kann:

Medikamentenrückstände, Pestizide und noch so vieles

mehr aus Wasser und Erde.

Alle die Giftstoffe und Zusatzstoffe, die wir zu uns

nehmen, werden im Körper zu sogenannten freien

Radikalen.

Diese sind extrem instabil und binden sich an zufällige

Zellen im Körper, was die Entstehung von
Krebs begünstigen kann.

Deshalb sind Antioxidantien so wichtig.
Sie binden freie Radikale und verhindern, dass diese die
Körperzellen schädigen.
Ab diesem Punkt begannen wir, den Fokus darauf zu
legen, den Körper mit Antioxidantien aus Obst und
Gemüse zu stärken.

Alles, was ins Haus kam, war
entweder bio oder biodynamisch.
Allerdings ist die Kennzeichnung ein regelrechter
Dschungel,
also begannen wir, die Zutatenlisten sehr genau zu
lesen.
Die Grenzwerte dafür, wann ein Produkt als "bio"
gelten darf, sind nicht immer im Sinne der Verbraucher.

Die Ernährung wurde radikal umgestellt.

Jeden Morgen bekam Tommy frisch
gepressten Selleriesaft –
gepresst und serviert innerhalb von acht Minuten,
denn danach beginnen die Nährstoffe zu oxidieren und
verlieren an Wirkung.

Das ließ seinen Kaliumwert ansteigen,
also passten wir die Menge in Absprache mit dem Arzt
an.

Danach machten wir Smoothies und Säfte – mit Ingwer,
Karotten, Rote Bete und mehr.
Wir hielten die Menge auf maximal 0,5 Liter Saft pro
Tag,
denn zu viel kann zu Ungleichgewichten im
Mineralhaushalt führen.

Zum Frühstück gab es meistens Bio-Haferbrei mit
Beeren, Nüssen und Samen.
Alles mit gesättigten Fetten wurde verbannt –
stattdessen verwendeten wir kleine
Mengen kaltgepresster Bio-Öle.

Mittags gab es oft große Salate:
Kichererbsen, gedämpfter Brokkoli, Spinat, Tomaten,
Rotkohl, Weißkohl, Nüsse, Schnittlauch, Blüten – alles
in Bioqualität.
Die Reste aus der Saftproduktion verwendeten wir
für vegetarische Bratlinge, z. B. Rote-Bete-Bratlinge.

Fleisch gab es so gut wie nie.
Nur gelegentlich Bio-Eier.
Zucker wurde vermieden – wir nutzten natürliche
Alternativen wie Birkenzucker.
Sogar Eis und Desserts konnten wir zubereiten – mit
den richtigen Zutaten.

Das Abendessen ähnelte oft dem Mittagessen.

Manchmal ergänzt durch Fisch –

vor allem Makrele in

Tomatensauce und selbstgemachten Hummus.

Schwarzer Tee und Kaffee wurden ersetzt

durch Kräutertees wie Goldrute,

Löwenzahn und Markussens Universaltee.

Wir vermieden weiße Pasta, Weißbrot und weißen Reis.

Stattdessen verwendeten wir Vollkornprodukte,

Wildreis und Bio-Kartoffeln.

Das wurde schnell zur neuen Normalität.

Er hörte mit dem Rauchen auf.

Er begann zu meditieren und machte viele

Spaziergänge.

Manchmal saß er auch da und läutete mit heiligen Glöckchen.

Er verwendete Pflegeprodukte ohne Zusatzstoffe.

Auch unser Putzverhalten änderte sich – wir benutzten nur natürliche Reinigungsmittel ohne Parfüm, Chemikalien oder Zusatzstoffe.

Nahrungsergänzungsmittel wurden fester Bestandteil seines Alltags:

Er nahm Q10, Selen, die Vitamine B, C, D und E.

Vor allem Vitamin C nahm er in großen Mengen – was unproblematisch ist, solange man keine Nierenprobleme hat.

Er nahm es als Ascorbat-Pulver, 10 Gramm in Wasser aufgelöst – jeden Abend.

Hier gilt die Durchfall-Regel: Sie ist ein Indikator dafür, wie viel Vitamin C man verträgt.

Wenn Durchfall auftritt, muss man die Dosis
reduzieren.

Man kann auch mit einer niedrigeren Dosis beginnen,
z. B. mit einer 500-mg-Tablette täglich.

Vitamin C ist wasserlöslich und hilft oft gegen
Nebenwirkungen von Chemotherapie,
da diese ebenfalls freie Radikale erzeugt.

In kleinen Dosen hat Vitamin C keine direkte Wirkung
auf Krebs.

Wenn man Krebszellen gezielt mit hochdosiertem
Vitamin C bekämpfen möchte,
muss der Körper über 50 Gramm pro Woche erhalten,
um ein alkalisches Milieu im Blut zu schaffen, in dem
Krebs schwer überlebt.

Wichtig bei Vitaminpräparaten: Sie sollten kein
Eisen enthalten –
denn Eisen ist Nahrung für Krebszellen.

Er nahm auch Probiotika – *Biotic Barrier 8* –,
das die Darmflora stärkte und damit auch das
Immunsystem.

Ebenfalls Melatonin, das angeblich krebshemmend
wirkt.

Er begann mit drei Tabletten à drei Milligramm
täglich –
bei Erhöhung sollte dies mit einem Arzt abgesprochen
werden.

Es brachte ihm innere Ruhe und unterstützte die
Regeneration.

Der Schlaf wurde tiefer, die Träume klarer.

Wir konnten Verbesserungen in den Blutwerten sehen:
Von abnormalen Werten zu normalen.

Die weißen Blutkörperchen (*Leukozyten*) sanken
von 13,1 auf 6 – in weniger als einem Monat.

Leider wurden die Ernährungsumstellungen von den Ärzten nicht ernst genommen.

Dabei ist das Immunsystem die eigene Chance des Körpers, den Krebs zu zerstören.

Es ist logisch, dass es stark sein muss – besonders bei Stress, Krankheit, Trauer oder nach Operationen.

Wenn der Körper geschwächt ist, hat Krebs freies Spiel.

Chemotherapie ist oft notwendig,

aber sie zerstört auch gesunde Zellen.

Deshalb akzeptierten wir die deutsche Methode von Dr. Vogl,

bei der die Chemotherapie direkt in den Tumor injiziert wird.

Das brachte weniger Nebenwirkungen und bessere Wirkung.

Tatsächlich hatte er gar keine Nebenwirkungen.

Andere Länder wie Deutschland und Israel setzen diese Methoden bereits ein.

In Dänemark hinken wir hinterher.

Aber das ändert nichts daran, dass genau diese Behandlung ihn gerettet hat.

Wir haben alles dokumentiert.

Ich hoffe, unsere Geschichte kann dir Hoffnung geben.

Denn ich habe mit eigenen Augen gesehen,

was es bedeutet, Verantwortung zu übernehmen und zu handeln.

Es ist nie zu spät, damit anzufangen.

Ende Dezember erinnere ich mich tatsächlich daran, dass es ihm schlecht ging.

Er war beim Arzt, weil er seltsame Symptome im Bauchbereich hatte.

Er hatte auch ein bisschen Fieber.

Ich machte mir Sorgen, dass es etwas mit seiner Leber und dem Krebs zu tun haben könnte.

Die Ärztin schickte ihn wieder nach Hause.
Sie meinte, es handele sich um eine
Art Magenvergiftung, von der er sich schnell erholen würde.

Kurz darauf war er zur Kontrolle – und wie ich schon früher schrieb,
waren es gute Scans und Blutuntersuchungen, die aber gar nicht angeordnet worden waren – und daher
auch nicht gemacht wurden.
Die Frau, die diese Bluttests hätte veranlassen sollen
– die werde ich nie vergessen.

Aber gut – wir springen hier ein bisschen in der Zeit,
ich hoffe, ihr könnt mir folgen.

Kapitel 7

Dr. Vogl über alles

Über Tidslerne bekamen wir Thomas Vogls E-Mail-
Adresse.

Ich schrieb ihm, als würde ich an Gott
persönlich schreiben.

Dass er unsere letzte Hoffnung sei.

Er antwortete innerhalb von sechs Stunden.

Es gebe viele Möglichkeiten, schrieb er.

Er schlug einen konkreten Behandlungsplan vor
und gab uns einen Termin: den 27. Mai 2022.

Dear Doctor Vogl

With my dear husbands allowance I am writing to
you, because he has
liver cancer with to or 3 tumors (all beyond 2 cm)
and possible satellite
tumors in his liver- but so far, not elsewhere.
There are tumor thrombosis
near both portal venes.
Last year he had and hepatectomy, but after 3
month it returned (exploded?)
All blood tests are almost normal, except from
alpha1 fetoprotein, which
is
16.500.
Except from this he looks like he is in good shape
and has No symptoms.
He is 63 years old, Working as a priest, and have

also had diabetes type

1

since 2000.

Doctors just recently excluded the possibility of

SIRT because It's in

both

sections of the liver.

My guess is that they now only Can offer him

general chemo therapy.

With my last hope and humility we are asking you

if there is anything you

Can do for him?

All the best regards

Tommy and Ditte Corfixen

Denmark

thanks for you email

in this situation we would recommend the follwoing strategy

ad1 we would start with a transarterial chemoperfusion TAPC und TACE
ad2 after 3 sessions we possilby could add a regional ablative treatment

please send me the newest images on a cd and reports

yours

thomas :j vogl

Das erste Mal, dass wir nach Frankfurt fahren mussten, war mit dem eigenen Auto.

Wir hatten ein Hotelzimmer in Deutschland für zwei Nächte gebucht – und es ist immerhin ein ganz schönes Stück Weg bis Frankfurt.

Tenna war dabei – sie ist bei allem dabei.

Sally wurde von ihrer großen Schwester betreut.

Am Abend des 26. Mai starteten wir das Auto – unsere erste Fahrt nach Frankfurt.

Zu diesem Zeitpunkt hatte ich keinerlei Hoffnung, dass es helfen würde – obwohl es mindestens 40.000 Kronen pro Behandlung kostete.

Ich wusste nur, dass ich mir später, wenn er an Leberkrebs sterben würde, sagen können wollte:

„Wir haben alles getan, was wir konnten."

Deshalb tat ich es.

Wenn ich heute an diese Fahrten zurückdenke,
erscheint es mir völlig absurd,
dass wir das überhaupt überlebt haben.

Manchmal lagen die Rastplätze so weit auseinander,
dass ich mich auf dem Beifahrersitz hockte,
die Knie auf dem Armaturenbrett –
und in einen Thermobecher pinkelte.

Wir hetzten in ein Restaurant und aßen das Essen im
Auto.
Als wir nach neun Stunden in Frankfurt ankamen,
konnten wir weder Anfang noch Ende des
Krankenhauses erkennen –
Parkplätze, Parktickets – ein völliges Chaos.

Im Krankenhaus fanden wir die Klinik von Dr. Vogl
nicht.

Corona-Krise –

aber dann waren wir plötzlich einfach mittendrin.

Das deutsche Gesundheitssystem ist auf eine seltsame
Weise aufgebaut.

Ich verstehe es bis heute nicht wirklich –

und hatte ehrlich gesagt auch nie Zeit, mich damit zu
beschäftigen.

Das Private arbeitet dort mit dem Öffentlichen
zusammen –

anders als in Dänemark.

Vogls Klinik liegt direkt auf dem Gelände des
Universitätsklinikums Frankfurt,

und er arbeitet mit den regulären Abteilungen
zusammen –

zum Beispiel, wenn Patienten zur Aufwachstation müssen.

Vogl ist kein Entertainer.
Er ist ein älterer Herr – ein Mann weniger Worte, hochintelligent,
aber er verschwendet keine Zeit mit Unsinn.

Obwohl wir eine riesige Menge an Scans, Berichten, Arztbriefen und Blutwerten
per Post nach Deutschland geschickt hatten –
zusammen mit Gott und seinem Wasserträger –
war Dr. Vogls Bildgebungstechnik eine ganz andere Liga.
Dagegen sieht Dänemark aus wie das Schlechteste von Rumänien – an einem schlechten Tag.

Also begann alles damit, dass Tommy ein 3D-
Scan gemacht wurde –

und dann kamen wir in Audienz bei Dr. Vogl.

Ich saß da – wie das nervige kleine Eheweib –

mit 60 verschiedenen Fragen,

auf die er ganz sicher keine Zeit verschwenden wollte.

Er erklärte, dass es sich um große Tumoren handelte –

unter anderem einen von acht Zentimetern und einen

von sechs.

Und wie er es ausdrückte:

„Ein Sternenhimmel" von Metastasen.

Er sagte, welche Lebersegmente betroffen waren –

und er sagte auch, was wir eigentlich schon wussten:

Das sogenannte Pfortadersystem,

also der Bereich, in dem die Hauptvene durch die

Leber verläuft,

war fast vollständig verschlossen –

wegen dem, was man Tumorthrombus nennt.

Das heißt: eine blutgerinnselähnliche Masse,

die die Hauptvene mehr oder weniger blockiert

und sehr schnell zu einem akuten Problem hätte werden

können.

Vogl war nicht besonders optimistisch.

Vielleicht ist er das nie.

Es liegt nicht in seinem Wesen, Optimismus

auszustrahlen.

Er ist eher der farblose Professorentyp.

Doch hinter dieser Fassade verbirgt sich

eine hochgradig spezialisierte Expertise,

ein feiner, intelligenter Humor

und eine liebevolle, verständnisvolle Haltung gegenüber

Familien,

die aus Japan, China, Finnland, England, Kanada,

Australien – ja, aus der ganzen Welt zu ihm kommen.

Er sagte zu Tommy,

dass er ihn behandeln möchte.

Er solle sich aber auf nichts verlassen,

und er könne ihm nichts versprechen –

aber er würde es versuchen,

um zu sehen, ob er ihm vielleicht etwas mehr

Lebenszeit schenken könne.

Und genau das taten wir – oder besser gesagt: er tat es.

Und dann steht man da wieder –

mit offenem Mund,

geht raus zur Sekretärin,

fragt, wann man wiederkommen soll,

und sie sagt:

„Gehen Sie einfach ein bisschen shoppen in Frankfurt,

entspannen Sie sich – und kommen Sie in ein paar Stunden

wieder. "

Shoppen in Frankfurt –

das war wohl das Letzte, worauf ich an diesem Tag Lust

hatte.

All die Male, die wir dort waren,

waren wir auf eine Rasenfläche angewiesen,

mit ein paar zufällig im Auto liegenden Decken oder

Bettdecken,

einem Kiosk in der Nähe,

wo wir uns zehn Tassen Kaffee holen konnten –

und warteten dann nur auf einen Anruf von Tommy.

Beim ersten Mal kam ein Anruf von der Sekretärin:

„Er ist jetzt wach.“

Wir durften in den Warteraum, um zu ihm zu kommen.

Er sollte in ein Zimmer gebracht werden,

wo er zwei Stunden völlig still liegen musste –

und danach sollte er noch einmal gescannt werden,

damit Dr. Vogl sehen konnte, ob die Injektionen richtig

platziert waren.

Wir sollten eine Nacht in Frankfurt bleiben –

und danach durften wir wieder nach Hause fahren.

Der Plan war, dass zwischen den Behandlungen vier bis

fünf Wochen liegen sollten,

und dass mindestens drei Wochen vergehen mussten,

bevor man wieder

eine Kontrolluntersuchung durchführen konnte.

Herlev sollte entscheiden, ob sie ihn scannen würden –

und ja, das ging tatsächlich bis ganz nach oben

zur leitenden Oberärztin,

ob sie bereit wären, eine Kontrolluntersuchung zu

machen oder nicht.

Wahrscheinlich, weil sie irgendeine Abneigung gegen

Vogl haben.

Irgendwann ist die Geschichte gekippt – ich glaube, das

war um 2010.

Vogl war damals auf dem Titelblatt von „Dagens

Medicin"

und war in Dänemark, um das Personal in der TACE-

Behandlung auszubilden.

Vielleicht hat ein Pharmakonzern ihm

dazwischengefunkt – oder es ist etwas anderes passiert.

Ich weiß nicht, was es genau war,

aber plötzlich wurde er in Dänemark als unseriöser

Forscher abgestempelt,

und damit war er nicht mehr tragbar.

Irgendetwas sagt mir, dass die Pharmaindustrie ihre

Finger im Spiel hat –

vor allem im Zusammenhang mit der Immuntherapie.

Was die angeblich "unredliche Forschung" betrifft:

Mir wurde erzählt, dass Vogl keine Kontrollgruppen-

Studien durchführen möchte –

aus dem einfachen Grund, dass die Kontrollgruppe mit

hoher Wahrscheinlichkeit stirbt.

Und genau das wird ihm

als unwissenschaftlich vorgeworfen.

Außerdem wurde er dafür kritisiert,

dass er seine Patienten nicht nach Altersgruppen,

Geschlecht usw. unterteilt.

Eine Behandlung bei Vogl kostet 30.000 Kronen,
zuzüglich Reise- und Hotelkosten.

Eine Behandlung mit lebensverlängernder
Immuntherapie kostet 55.000 Kronen.

Wenn ein Medikament das Leben um einen Monat
verlängern kann,
reicht das in der Regel nicht für eine Zulassung durch
die Arzneimittelbehörde.
Aber wenn es sich um zwei Monate handelt,
dann knallen bei „Dagens Medicin" die
Champagnerkorken.

Gerade wenn es um Todesurteile geht –
Patienten, die sehr häufig Krebspatienten sind –
dann ergibt es für mich überhaupt keinen Sinn,
dass das Geld nicht dem Patienten folgt.

Der Patient sollte – meiner Meinung nach –

selbst entscheiden dürfen,

was für ihn in der letzten ihm verbleibenden Zeit am

besten ist.

Zurück nach Frankfurt.

Wir müssen zurück zu diesem magischen Moment, den

wir jedes Mal aufs Neue erleben,

wenn wir Bo Kaspers Orkester hören:

„Vi kommer altid til at leve, vi kommer aldrig til at dø" –

„Wir werden immer leben, wir werden niemals sterben".

Wir hörten das Lied zum ersten Mal auf der Heimfahrt

aus Frankfurt,

und es wurde zu unserem Maskottchen,

wie bei einem Fußballspiel – oder zu einem

hoffnungsvollen Ritual.

Ein Lied, das uns zutiefst berührte,

das genau davon handelte, was wir

gerade durchmachten –

und das uns auch dazu brachte, dieses Buch zu

schreiben.

Du wirst es verstehen, wenn du den Liedtext liest.

Gerade als das Lied zu Ende ging,

klingelte das Telefon – ein Anruf aus Dänemark.

Bis zu diesem Zeitpunkt war ich noch ziemlich

nachsichtig gewesen.

Es waren viele Fehler passiert – viele *„Hoppla"-Momente.*

Vieles war im Verlauf von Tommys

Krankheit unglücklich gelaufen.

Ich wusste auch: Wo gehobelt wird, da fallen Späne –

jetzt wollten wir uns auf das Positive konzentrieren.

Und nun hatten wir auch noch die Frechheit besessen,
die Sache selbst in die Hand zu nehmen
und sie dem System aus den Händen zu nehmen.

Tommys Telefon klingelte –
es war seine ehemalige Chefärztin vom Krankenhaus in
Køge,
die ihn „beraten" wollte, ob er wirklich nach Frankfurt
zu Vogl gehen solle.

Ein bisschen zu spät, könnte man sagen –
wir waren ja bereits auf dem Heimweg.

Aber immerhin hatten wir uns entschieden, offen mit
allem umzugehen,
nicht zu verheimlichen, dass Tommy in Deutschland
behandelt wurde.

Die Ärztin war definitiv kein Fan davon.

Sie versuchte, sachlich zu bleiben –

oder sie war einfach so sachlich, dass kein Mensch mehr

hinter der Stimme zu erkennen war.

Als sie versuchte, Tommy die Ernsthaftigkeit seiner

Situation darzulegen,

sagte er:

„Ich weiß, dass es ernst ist. Und ich weiß, dass ich eines Tages

sterben werde –

aber das möchte ich jetzt noch nicht.“

Sie war über Bluetooth im Auto zu hören,

über die Lautsprecher –

und wir konnten jedes Wort ganz genau hören.

Und ich zitiere sie wortwörtlich:

„Tommy, du bist doch Pfarrer – du solltest von allen am besten

wissen, dass wir alle eines Tages sterben müssen."

Da war bei mir der Film gerissen...

Ich kochte – so wie nur ein Grönländer kochen kann.

Ich hatte das dringende Bedürfnis, ihr eine Frage zu

stellen,

die mir schon lange auf der Zunge und im Kopf brannte

–

und ich formulierte sie höflich:

„Da ich Sie gerade am Telefon habe, möchte ich Ihnen gern eine

etwas heikle Frage stellen:

Können Sie mir sagen, warum bei Tommy im Dezember 2021

kein Alpha-Fetoprotein-Wert gemessen wurde,

obwohl laut Akte eine Oberärztin des Rigshospitalet diesen Test

ausdrücklich angeordnet hatte?"

„*Ja*", antwortete sie.

„Wir wissen, dass wir das hätten tun sollen – aber das können wir jetzt nicht mehr ändern. Jetzt müssen wir nach vorn schauen."

In meinem Kopf dachte ich:

„*Na, dann schauen wir mal, wer hier demnächst weint –*
denn ich werde zur Patientenversicherung gehen und euch alle anzeigen,
und dann könnt ihr euren hochmütigen, inkompetenten Mund schön schließen."

Beim nächsten Mal, als wir zu Vogl fuhren,
war Tommy ja inzwischen in Dänemark ‚gescannt' worden.
Gut, dass wir auch Vogls 3D-Scanner zur Verfügung hatten –

denn die Geräte in Herlev sind ehrlich gesagt auch nicht
besonders gut.

Die könnten genauso gut ein paar Spielautomaten vom
Freizeitpark Bakken hinstellen.

Ich glaube, die würden ungefähr das gleiche
Qualitätsniveau bei Lungenbildern liefern wie die
Dinger dort.

Unten bei Vogl sah es gut aus.

Sie maßen, sie reagierten auf die neuen Scans.

Schon als Tommys Leber auf dem Monitor erschien –

noch bevor er die nächste Behandlung bekam –

machte Vogl dieses Siegeszeichen,

hob die Hand und schwenkte sie durch die Luft,

als hätte er gerade ein Rallye-Rennen gewonnen.

Sie maßen –

und sie trauten sich kaum, es laut auszusprechen –

aber sie meinten, dass sich die zwei größten Tumoren

deutlich verkleinert hätten.

Statt wie vorher diese

– ich weiß kaum, wie ich es beschreiben soll –

aufgeblasenen Absperrballons,

die kurz vor dem Platzen standen,

sahen sie nun auf den Bildern eher aus wie

eingedrückte Ballons, die langsam in sich

zusammenfallen.

Wir saßen wie immer draußen auf dem Gras, mit

unseren Decken,

und versuchten, uns die Zeit zu vertreiben.

Wir saßen einfach da, rauchten wie verrückt und
warteten – voller Angst.

Dann rief er an – und weinte vor Freude.
Er sagte, dass seine Tumoren sich um fast 50 %
verkleinert hatten.

Ich weiß nicht einmal, ob ich zu diesem Zeitpunkt
schon „bekehrt" war – oder wie man es nennen soll.
Ich war immer noch von nichts überzeugt.
Ich war nach wie vor hysterisch ängstlich –
und immer noch besorgt, ob Vogl vielleicht doch nur
ein Scharlatan war,
der Milliarden mit dem Unglück anderer verdiente
und ihnen einredete, sie würden gesund werden.

Ich war wahrscheinlich ein bisschen paranoid.
Aber trotzdem waren wir guter Dinge, als wir nach
Hause fuhren.

Sein Alpha-Fetoprotein war weiter gesunken.

Es lag jetzt bei 6.900 – (Danke, Niels).

Da rief ich bei der Oberärztin der onkologischen

Abteilung in Herlev an

– oder wie unsere jüngste Tochter es nannte: der

„ökologischen Abteilung" –

und fragte sie,

„ob es denn nicht von gewissem fachlichen Interesse sei,

dass der Alphawert meines Mannes von über 16.500 auf

6.900 gefallen sei?"

„Ja, das ist schon sehr schön", antwortete sie.

„Aber… haben Sie denn nicht – also… ist das nicht etwas, was

Sie näher untersuchen möchten?"

Darauf sagte sie:

„Nein, eigentlich nicht – solche Werte können ja schon mal stark

schwanken.“

Da musste ich wieder insistieren –

und mit allen möglichen Katastrophen drohen,

mit den sieben Plagen und der Patientenversicherung –

und dann bekam er doch noch eine neue Untersuchung.

Der Scan zeigte – sowohl überraschend als auch nicht

überraschend –,

dass sich Tommys Krebs besserte.

Wir machten noch zwei weitere Behandlungen in

Frankfurt,

und nun standen wir vor der Situation,

dass die Tumoren nicht mehr sichtbar waren

und sein Alpha-Fetoprotein auf 440 gefallen war.

Kapitel 8

Ein neues Sonderangebot vom Reichshospital

Es gab einen sehr netten und sympathischen Professor
im Reichshospital, der Peter heiß.

Er akzeptierte tatsächlich meine Argumentation,

dass Tommy auf das sogenannte LPK-Konsil (Leber-
Pankreas-Konferenz) kommen sollte –

mit allen besten Spezialisten des Rigshospitalet.

Erneut sollte geprüft werden, ob es weitere

Behandlungsmöglichkeiten für Tommy gab,

weil sein Alpha-Fetoprotein dramatisch gesunken war,

und die Scans von Vogl eine massive Verkleinerung der

Tumoren zeigten.

Peter räumte ein, dass Vogls Behandlungen eine große
Wirkung gezeigt haben –

und dass man deshalb jetzt, ganz außergewöhnlich für
Dänemark,

Tommy eine Operation anbieten könne,

mit dem Ziel, das Blutgerinnsel an der Hauptvene zu

entfernen,

da man vermute, dass dort möglicherweise noch Krebs

vorhanden ist und es somit ein Risiko darstellen könne.

Darüber hinaus konnten sie in Tommys Leber keinen

Krebs und keine Metastasen mehr identifizieren –

alles war einfach spurlos verschwunden

Der Alpha-Wert schwankte zwischen 140, 250 und 110.

Er sank nicht weiter und wurde nicht ganz normal.

Wir wussten nicht, ob wir noch einmal zu Vogl fahren

sollten.

Vogl meinte, wir sollten kommen.

Wir wussten auch nicht, ob Tommy sich operieren

lassen sollte.

Vogl warnte davor und sagte, das sei "risky business" –
ein riskanter Ort für eine Operation –
und dass es schonender sei, wenn er selbst den
Thrombus behandeln würde.

Ich lief die ganze Zeit mit einer eigenen, seltsamen und
völlig unlogischen Überzeugung herum,
dass der Krebs vollständig verschwunden sei –
und dass es sich nur noch klinisch bestätigen müsse.

Irgendwann in all dem – im Spätsommer 2022 – war die
ganze Familie auf Kreta.
Kurz vor der Reise wurde in Dänemark
ein Scan gemacht,
der zeigte, dass kein Krebs mehr in Tommys
Leber vorhanden war.
Ein Telefontermin war angesetzt worden – den wir
dann aus Kreta wahrnehmen mussten.

Irgendein völlig belangloser Vertretungsarzt rief an und
sagte:

*„Ja, wir haben die Scans gesehen, und wir haben beschlossen,
Tommy weiterhin eine Operation anzubieten."*

Da sagte ich:

*„Aber was genau wollen Sie denn operieren? Ihre Scans zeigen
doch, dass kein Krebs mehr da ist."*

Dann wurde es still in der Leitung,
und der Arzt – mit einem leicht unverständlichen
Akzent – sagte:

„Ach ja… das sehe ich jetzt auch… ich melde mich nochmal."

Er meldete sich zurück mit der Geschichte,
dass es immer noch eine Verengung in der
Hauptvene gebe –
und dass diese entfernt werden solle.

Wir sprachen darüber, dachten nach – und reisten nach
Hause.

Ich holte meine Tarotkarten hervor – was im
Nachhinein

natürlich völlig verrückt war.

Aber es gab keinen Zweifel daran, was mir die Karten
zeigten.

Ich machte ein Foto davon und zeigte es Tommy:

Die Karten zeigten klar, dass er sich nicht operieren
lassen sollte.

Wir mussten unsere begonnene Reise vollenden –
also das Ganze ordentlich mit Vogl abschließen.

Danach hatte ich viele Austausche mit Vogl

Vogl meinte, Tommy solle kommen –

ich war der Meinung, wir sollten es etwas ruhiger

angehen lassen,

erst einmal abwarten, beobachten,

die Scans und den Alpha-Fetoprotein-Wert im Blick

behalten.

Dann geschah plötzlich etwas wirklich Schönes,

Wunderbares und zugleich Komisches,

weil es so unglaublich war:

Am 5. Februar 2023 wurde bei ihm erneut der Alpha-

Wert gemessen.

Er ließ morgens Blut abnehmen, die Probe wurde

in Roskilde analysiert

und er bekam am Abend schon das Ergebnis.

Er hatte die Blutprobe morgens im
Gesundheitszentrum Kalundborg abgegeben –
und erhielt am selben Abend die Antwort.

Der Wert war auf 5,5 gefallen –
und keiner von uns konnte es glauben.

Wir versuchten daher, Kontakt zu der
Laborantin aufzunehmen,
deren Direktnummer wir bereits hatten.

Sie bestätigte: *„Ja, das Ergebnis stimmt.“*

Am nächsten Tag riefen wir die sehr
nette Ablaufkoordinatorin im Reichshospital an
und sagten, dass wir gern mit Peter sprechen würden,
weil wir ehrlich gesagt etwas schockiert waren –
positiv natürlich –

denn ein Alphawert von 5,5 müsste ja auch für Peter
interessant sein.

Jedenfalls rief uns die Koordinatorin zurück,
und es klang fast ein bisschen so,
als würde sie sich im Namen des Gesundheitssystems
entschuldigen.

Sie sagte, dass Peter es für eine sehr gute Idee halte,
noch einmal eine neue Probe zu machen –
denn es komme etwa alle 100 Jahre mal vor,
dass bei Blutproben etwas verwechselt werde.

Er meinte, dass genau das hier wohl passiert sei.

Er würde dafür sorgen, dass Tommy noch am selben
Tag eine neue Blutprobe abgeben könne –
und dann könnten sie am nächsten Tag nochmal
telefonieren.

Die neue Blutprobe ergab dann einen Wert von 4,4.

Und niemand konnte das je wirklich erklären.
Nicht Peter. Nicht Vogl. Niemand sonst.

Vielleicht braucht es dafür auch gar keine Erklärung.

Peter, die Scans und die Blutwerte erklärten Tommy
anschließend tatsächlich für krebsfrei.
Peter sagte, dass man
eine Kontrolluntersuchung durchführen werde,
und wenn alles ruhig aussehe,
würde man auf eine halbjährliche Kontrolle umstellen –
was, wie ich glaube, eine Seltenheit ist.

Vielleicht ist es ein Wunder.
Vielleicht ist es ein Teil der Lösung des Krebsrätsels –
dass, wenn mehrere Faktoren nötig sind, um Krebs

entstehen zu lassen,

vielleicht auch mehrere Faktoren nötig sind, um

ihn wieder zu stoppen.

Ich bin jedenfalls überzeugt,

dass dein Immunsystem – dein eigenes Immunsystem –

dein bester Freund ist,

wenn es um die Bekämpfung von Krebs geht.

Deshalb ist es so wichtig,

dass dein Immunsystem dich unterstützt – und dich

nicht zusätzlich schwächt.

Kapitel 9

18 Mahnungen an das Gesundheitssystem von der Patientenentschädigung

Ich finde, dass der Fall mit der
Patientenentschädigung ein eigenes Kapitel für sich ist.
Als ich den Fall im Zusammenhang mit dem Buch
aufarbeiten wollte, beantragten wir Akteneinsicht.
Wir bekamen einen ganzen Umzugskarton voller
Unterlagen zugeschickt.
Ich habe alles durchgesehen – auch Material, das ich
vorher noch nie gesehen hatte.

Was mir dabei besonders ins Auge fällt:
Ich halte nicht weniger als 18 Mahnungen von
der Patientenentschädigung an die Krankenhäuser in
der Hand.
Mahnungen, die alle als zweite oder dritte
Erinnerung gelten –
also wiederholte Aufforderungen, endlich die
notwendigen Unterlagen bereitzustellen.

Es fühlt sich … geschmacklos an.

Und ich weiß nicht, ob ich das nur deshalb so empfinde,

weil ich emotional involviert bin –

ob ich es deshalb als Schikane empfinde,

weil wir uns entschieden haben, eine Beschwerde

einzureichen …

Oder ob es einfach so ist,

dass diese Leute so beschäftigt sind,

dass sie zwei Monate lang keine Zeit finden, der

Patientenentschädigung zu antworten –

obwohl diese in ihrer Anfrage ausdrücklich darum

bittet, den Fall als dringlich zu behandeln,

da der Patient schwer krank ist.

Aber das Ergebnis ist dasselbe:

Der Fall zieht sich unnötig in die Länge. Immer wieder.

Am meisten schockierte mich,

dass weder die Krankenhäuser, noch die

Patientenentschädigung –

noch ich selbst –

gemerkt hatten, dass Tommy bereits 2019 eine CT-Untersuchung hatte.

Auf dieser Aufnahme sah man zwei kleine hypervaskuläre Veränderungen in der Leber.

Aber es geschah – nichts.
Kein Arzt reagierte.
Er wurde einfach nach Hause geschickt,
und erst ein Jahr später geschah wieder etwas.

Deshalb wurde der Fall einem radiologischen Gutachter zur Prüfung übergeben.

Der Spezialist kam zu dem Schluss,
dass die verantwortliche Fachperson anders hätte reagieren müssen –

basierend auf den Daten, den Bildaufnahmen
und dem erhöhten Risiko, das Tommy für genau diese
Krebsart hatte.

Wir bekamen Recht.

Die Entscheidung ist beigefügt,
und in meinen Augen ist sie ein Zeugnis –
ein Beweis dafür, dass im Gesundheitssystem
manchmal alles zu schnell geht.
Dass Fehler passieren.
Fehler, die fatale Konsequenzen haben.

Niemand wusste, wer die Blutuntersuchungen hätte
anordnen sollen.
Und all diese Versäumnisse –

darunter auch, dass der Alpha-Wert bei der ersten Kontrolle im Dezember 2021 nicht gemessen wurde – wurden zum entscheidenden Grund für Tommys Todesurteil.

In einer Antwort eines Arztes steht sogar eine direkte Lüge:
dass die Blutproben bestellt worden seien.

Aber ich kann beweisen, dass das nicht stimmt.

Ein früherer Vermerk vom Rigshospitalet zeigt genau, welche Untersuchungen wann durchgeführt werden müssen:
nach 3, 6, 9, 12, 18, 24, 36, 48 und 60 Monaten.

Diese sollen eine klinische Kontrolle beinhalten – was ebenfalls nicht geschehen ist.

Die Ärztin hat den Patienten kein einziges Mal gesehen.

Sie hat nur angerufen.

Und zur Kontrolle gehören auch relevante

Blutuntersuchungen und CT-Scans.

Ich habe alles so übersichtlich wie möglich dargestellt.

Und ich hoffe von Herzen,

dass dies zum Nachdenken anregt –

nicht nur bei denen, die das hier lesen,

sondern auch im Gesundheitssystem und im politischen

Apparat.

Denn das hier ist eben auch Realität,

wenn man Krebspatienten in Dänemark behandelt.

An die Patientenerstattungsstelle

Kalvebod Brygge 45

1560 Kopenhagen V

Beschwerde über den Behandlungsverlauf im Zusammenhang mit der Untersuchung und Behandlung eines hepatozellulären Karzinoms bei Tommy Toudahl Corfixen, CPR-Nr. *********

Da mein Ehemann stark von der Situation betroffen ist und nicht über die notwendigen Ressourcen verfügt, um selbst eine Beschwerde einzureichen, möchte ich darauf hinweisen, dass ich hiermit als seine Vertreterin auftrete.

Die Beschwerdepunkte lauten wie folgt:

Zu Punkt 1:

Im Sommer 2020 stellte der Hausarzt sowie das Krankenhaus Køge fest, dass das Alpha-Fetoprotein meines Mannes anstieg. Da die durchgeführte

Bildgebung keine Auffälligkeiten ergab, wurde mein Mann zur urologischen Untersuchung überwiesen, um eine mögliche Hodenkrebserkrankung auszuschließen. Dies wurde ausgeschlossen.

Trotz bekanntem, deutlich erhöhtem Risiko für die Entwicklung eines hepatozellulären Karzinoms bei Patienten mit Hepatitis C und Typ-1-Diabetes (beides bekannte Diagnosen bei meinem Mann) wurden keine weiteren Maßnahmen ergriffen – bis Juni 2021.

Erst dann wurde eine erneute Bildgebung durchgeführt und das Alpha-Fetoprotein als auffällig eingestuft. Ein sogenannter „Krebsverdachtspfad" wurde eingeleitet. Zunächst wurde meinem Mann mitgeteilt, es könne sich um ein Hämangiom handeln, doch neue Scans bestätigten leider das Vorhandensein eines oder mehrerer hepatozellulärer Karzinome.

Nach einer LPK- und MDT-Konferenz am Reichshospital wurde eine radikale Lösung in Form einer Leberresektion vorgeschlagen. Ob der Zeitraum zwischen August 2020 und Juni 2021 ohne weitere Diagnostik medizinisch vertretbar war und ob eine frühere Abklärung zu einer besseren Prognose geführt hätte, möchten wir geprüft wissen.

Zu Punkt 2:

Im Reichshospital wurden mein Mann und ich darüber informiert, dass die Operation erfolgreich verlaufen sei und zwei Tumore in Segment 2 und 3 der Leber entfernt werden konnten. Der Arzt erklärte jedoch auch, dass es sich leider um eine Krebsform handelt, bei der bei 8 von 10 Patienten ein Rezidiv auftritt.

Mein Mann wurde daraufhin an die onkologische Abteilung des Herlev-Krankenhauses zur Teilnahme an einer klinischen Studie verwiesen (zu diesem Zeitpunkt war unklar, um welche Studie es sich genau handelt). Gestern sprach ich mit einem Arzt aus dem

Krankenhaus Køge, der sich darüber wunderte, dass wir nie etwas von Herlev gehört hatten – trotz mehrfacher Überweisungen durch das Reichshospital. Dies ist nie erfolgt. Somit wurde auch nie entschieden, ob mein Mann möglicherweise andere vorbeugende Behandlungsoptionen hätte erhalten sollen.

Laut Telefonat mit dem Arzt gestern wurde mein Mann offenbar wegen „Vorhofflimmerns" von der Studie ausgeschlossen. Der Arzt äußerte im Gespräch Frustration gegenüber Kolleg*innen mit den Worten: „Wer hatte den Ball?" (gemeint war offensichtlich mein Mann – als wäre er ein Spielobjekt!).

Zu Punkt 3:

Im Rahmen der Nachsorge zur Kontrolle eines Rezidivs wurde mein Mann vom Reichshospital zu lebenslangen Kontrollen alle drei Monate überwiesen. Diese beinhalten Scans und Bluttests mit tumorspezifischen

Markern, einschließlich Alpha-Fetoprotein.

Im Dezember 2021 wurde wie geplant eine Untersuchung durchgeführt, wobei sehr unspezifisch von „Folgen der Leberresektion" die Rede war. Es wurden jedoch entweder keine Proben entnommen oder die Proben wurden unter falscher Angabe analysiert, sodass Alpha-Fetoprotein nicht überprüft wurde. Entsprechend wurde auch keine Maßnahme eingeleitet.

Beim nächsten Kontrolltermin am **25.03.2022** zeigte sich leider eine sehr aggressive Entwicklung bzw. ein Rezidiv der Krebserkrankung meines Mannes – mit mehreren neuen Tumoren und Metastasen sowie einem Alpha-Fetoprotein-Wert von über 16.500.

Dies hat zur Folge, dass mein Mann nicht mehr für eine Operation, Bestrahlung, Chemoembolisation (inkl. SIRT) oder eine Lebertransplantation in Frage kommt.

Ihm bleibt nur eine eventuell lebensverlängernde Immuntherapie in der Onkologie Herlev.

Es ist unser klarer Eindruck, dass mein Mann weitaus bessere Überlebenschancen gehabt hätte, wenn die Leitlinien und Überweisungen eingehalten worden wären.

Wir beantragen daher eine Entschädigung, da er durch das Versäumnis unnötig in Lebensgefahr gebracht wurde und nun voraussichtlich sehr viel früher versterben wird, als es nötig gewesen wäre.

Dies hätte unserer Ansicht nach durch rechtzeitige und sorgfältigere Behandlung vermieden werden können.

Im Namen von Tommy Toudahl Corfixen
Ehefrau: Ditte Olivia Corfixen

Patientenerstattungsstelle

– Behandlungs- und Arzneimittelschäden –

Ditte Olivia Corfixen

[Adresse geschwärzt]

30. September 2022

Aktenzeichen: [geschwärzt]

(Aktenzeichen bitte bei allen Anfragen angeben)

Wir erkennen den Schaden an und gewähren eine Entschädigung

Patient: Tommy Toudahl Corfixen

CPR-Nr.: [geschwärzt]

2022

Verantwortliche Behandlungseinrichtung:

Universitätskrankenhaus Seeland

Gemeldete Behandlungseinrichtung: Universitätskrankenhaus

Seeland – Køge

2022

Verantwortliche Behandlungseinrichtung: Reichskrankenhaus

Gemeldete Behandlungseinrichtung: Reichskrankenhaus, Blegdamsvej

2022

Verantwortliche Behandlungseinrichtung: Krankenhaus Herlev und Gentofte

Gemeldete Behandlungseinrichtung: Krankenhaus Herlev

2022

Verantwortliche Behandlungseinrichtung: Krankenhäuser Næstved, Slagelse und Ringsted

Gemeldete Behandlungseinrichtung: Krankenhaus Slagelse und Krankenhaus Næstved

Die Patientenerstattungsstelle bezieht sich hiermit auf den Antrag auf Entschädigung gemäß dem Gesetz über Beschwerde- und Entschädigungsrechte im Gesundheitswesen (KEL)

Kapitel 10

Titanic 2

Vorgestern kam wieder ein neuer Alpha-Fetoprotein-Wert rein.

Das passiert etwa einmal im Monat, auf mein Drängen hin.

Ich habe mit unzähligen Chefärzten und Experten über dieses Protein diskutiert,

und ich muss einfach sagen:

„Ich weiß mehr darüber als die meisten von ihnen. "

Deshalb haben sie auch akzeptiert,

dass bei Tommy einmal im Monat dieser Wert kontrolliert wird –

damit man ein mögliches Rückfallrisiko rechtzeitig erkennen kann.

Dafür sind wir natürlich sehr dankbar.

Bevor Tommy zur Leberoperation ging,

hatte er einen völlig normalen Puls und einen gut eingestellten Blutdruck.

Sein Puls lag meist bei 60–70 – ich weiß das,
denn ich lag oft in seinem Arm – auch in der Nacht vor
dem Krankenhausaufenthalt.

Als er nach Hause kam,
hatten wir ein Schild bemalt und auf dem Hof
aufgestellt,
mit einer Flagge und dem Text:
„Willkommen zu Hause, Papa."

Er kam zurück mit allen möglichen Verbänden,
Medikamenten und Infos –
und wir waren einfach nur erschöpft.
Also legten wir uns hin, um ein wenig Mittagsschlaf zu
machen.

Ich legte mich wieder in seinen Arm –
und da hörte ich, dass sein Puls sehr
unregelmäßig geworden war.

Wir riefen im Krankenhaus an –

aber das schien niemanden zu beunruhigen.

Wir sollten es beobachten – und ggf. den Hausarzt

aufsuchen.

Das taten wir dann auch.

Es wurde ein EKG gemacht.

Er hatte Schmerzmittel bekommen und man vermutete,

dass vielleicht diese die Herzrhythmusstörung ausgelöst

hatten.

Das Medikament wurde daraufhin ausgetauscht.

Er wurde an einen Kardiologen überwiesen,

der meinte, dass sich das Ganze wohl über Jahre

entwickelt hätte –

aufgrund eines etwas erhöhten Blutdrucks.

Also eine Funktionsstörung der rechten Herzkammer.

Ich glaubte diese Geschichte nicht.

Ich war eher überzeugt, dass sein Körper durch die

Operation

so massivem physischen und psychischen

Stress ausgesetzt war,

dass dadurch das Herzflimmern ausgelöst wurde.

Das werden wir wohl nie ganz klären können.

Der Verlauf mit dem Herzflimmern war im

Grunde genauso grotesk wie der mit dem Krebs –

nur, dass es vielleicht nicht ganz so ernst war.

Vielleicht.

Weil er relativ schnell mit Blutverdünnern behandelt

wurde.

Das macht man in der Regel bei Vorhofflimmern,

weil die größte Komplikation das Risiko von

Thrombosen ist.

Geplant war, dass sein Herz mehrfach
untersucht werden sollte.

Aber entweder gab es Probleme mit den Terminen oder
den Untersuchungen –
oder sie konnten wegen des Flimmerns nicht
durchgeführt werden.

Er bekam auf mein Drängen Betablocker, um das Herz
zu entlasten.

Als ich dann nachfragte, wie es mit den Untersuchungen
weiterging,
hieß es:

„Das ist an den Hausarzt zurückverwiesen worden."
Der übrigens nicht mal mit der Kneifzange daran
wollte.

Herzmedikamente werden in der Hausarztpraxis nicht
einfach so verschrieben.

Normalerweise wird man an eine kardiologische
Ambulanz angebunden.

Dort bleibt man, bis das Problem behoben, ausreichend
untersucht oder eine geeignete Behandlung
gefunden wurde.

Meine Erfahrung ist eher, dass man einen Tritt in den
Hintern bekommt –
und dann soll man halt den Notruf wählen, wenn es
ernst wird.

Ich würde das eher als
eine Bindungsstörung bezeichnen.

Letztes Jahr waren es drei Jahre, seit Tommy operiert
wurde.

Das heißt, er ist drei Jahre mehr oder weniger
unbehandelt geblieben –
abgesehen von den wenigen Fällen,

in denen ich den Notruf wählen musste

und er notfallmäßig ins Krankenhaus kam.

Wenn er schlecht aussah und einen Puls über 150 hatte,

wurde er entweder digitalisiert oder elektrisch

kardiovertiert.

Dann wirkte es eine Zeit lang –

und dann begann das ganze Spiel von vorn.

Wie gesagt, fehlten letztes Jahr noch mehrere

Untersuchungen.

Eine davon war eine Koronarangiografie (KAG).

Er hatte einen Termin bei einem Kardiologen im

Krankenhaus Næstved,

der aber nur ein bisschen mit ihm sprach und ein paar

Fragen stellte.

Irgendwann sagte ich:

„Er ist jetzt seit drei Jahren Patient.

Er war auch schon mehrfach bei privaten Anbietern,

weil Sie die Behandlungsfrist nicht einhalten konnten.

Wann genau soll denn nun endlich diese KAG-Untersuchung

stattfinden?"

„Ja, stimmt, das ergibt natürlich Sinn," meinte er dann,

und wollte die Überweisung machen.

Die Untersuchung wurde dann im Krankenhaus

Roskilde durchgeführt.

Dabei wird geprüft, wie es um die Herzkranzgefäße

steht.

Man fand eine 70-prozentige Verengung.

Er bekam dann eine sogenannte PCI, also

die Einsetzung eines Stents,

um den Durchfluss sicherzustellen.

Der Oberarzt sagte, es hätte nicht mehr lange gedauert, bis es zu einem Herzinfarkt gekommen wäre.

Er meinte jedoch, dass das nichts mit dem Flimmern zu tun habe.

Er empfahl uns, erneut Kontakt mit der kardiologischen Ambulanz aufzunehmen.
Das tat ich dann auch.

Ich bekam eine sehr gestresste und schlecht gelaunte Sekretärin ans Telefon,
die sagte, dass man ihn ja bereits abgeschlossen habe und er sich an seinen Hausarzt wenden solle.

Da bekam ich wieder mal einen meiner klassischen Ausraster und sagte:

„Jetzt habe ich keine Lust mehr auf weitere amateurhafte und unmenschliche Bemerkungen.

Sie sollen einen Termin für ihn finden – das hat ein Kardiologe

im Krankenhaus Roskilde angeordnet.

Und ich will nichts weiter hören!"

"Geht es Ihrem Mann denn schlecht?", fragte sie.

"Alles ist relativ, " sagte ich.

"Aber er lebt gerade mit ziemlich heftigem Flimmern."

Sie blätterte im Kalender.

"Leider haben wir sehr lange keine freien Termine."

"Aha, " sagte ich.

"Dann möchte ich, dass Sie einen Arzt veranlassen, mich

anzurufen –

es muss doch jemanden bei Ihnen geben, der Verantwortung

übernimmt."

Eine Stunde später rief ein überheblicher
Herr die hysterische Ehefrau zurück.

Ich bekam in etwa die gleiche Geschichte wie von der Sekretärin,

nur mit autoritärem Ton und nervigem Akzent.

Da sagte ich:

„Wissen Sie was? Ich habe keine Lust mehr auf Weihnachtsmärchen.

Geben Sie meinem Mann einen Termin."

Es war September.

Er sagte:

„Wir haben im Oktober und November keine Termine."

Da sagte ich:

„Gut, dann ist es ja praktisch, dass wir eine Behandlungsgarantie haben.

Es ist zwar teuer, Patienten an Privatkliniken zu überweisen —

mit denen Sie übrigens nicht kommunizieren —

und die am Ende doch nicht die nötige Behandlung anbieten

können.

Aber wenn Sie das notieren, dann sorge ich dafür, dass er einen
Termin bei Hamlet bekommt.

Oder ich lasse ihn einfach ein paar Runden ums Haus laufen,
bringe ihn so in eine kritische Herzfrequenz,
und dann ist er mit dem Rettungswagen innerhalb einer halben
Stunde bei Ihnen –
nachdem ich den Notruf 112 gewählt habe.
Was ist Ihnen lieber?"

Ein paar Tage später bekam Tommy eine Einladung
über e-Boks.

Derzeit wird geprüft,
ob er eine Ablation bekommen soll
oder ein passendes Herzmedikament.
Das hängt davon ab, ob er genug abnimmt,
damit sein BMI niedrig genug ist,
um das Veröden von bestimmten Nervenknoten im

Herzen medizinisch vertreten zu können –

die möglicherweise das Flimmern stoppen würden.

Es ist traurig zu sehen,

wie man einen fast 67-jährigen Mann einfach

aufgegeben hat.

Vielleicht könnte ich es verstehen, wenn er 87 wäre …

Kapitel 11

Noch ein kameradschaftliches Gespräch — diesmal mit Unterbrechungen, Meryl Streep und Mittagsschläfchen

Ditte: *„Ich finde, du hast vorhin etwas sehr Gutes gesagt — das mit dem Willen, alles zu tun."*

Tommy: *„Ja, ich hatte einfach das Gefühl, dass vieles uns geführt hat ... Wir haben ja darüber gesprochen, was wir mit diesem Buch erreichen wollen — und das kam daher, dass wir es allen Leuten erzählt haben. Aber wir wurden ein bisschen müde davon, es immer wieder zu erzählen. Und viele sagten: ,Warum schreibt ihr nicht ein Buch darüber?' Weil es so viele Schichten darin gibt, und die Leute stellen viele Fragen."*

Ditte: *„Oder weil ... wir jetzt eigentlich keine Lust mehr haben, weiter darüber zu reden." (lacht)*

Tommy: *„Genau, da war es einfacher, ein Buch zu schreiben. Und das Interessante daran war dann: Was waren meine* leitenden Prinzipien? Ich gehe ja immer vom Telos aus – also: Wenn ich etwas sage, geht es auch darum, wohin das führt. Was ist das Ziel?

Also gab es ein Ziel mit dem Buch. Zum einen wurden wir ermutigt, es zu schreiben, weil viele Leute interessiert waren. Und dann haben wir es aufgeschrieben. Und wir wollten es auch ordentlich machen – damit es gut vermittelt und kommuniziert wird. Und dann fängt man auch an, darüber nachzudenken – und du hast das ja auch erlebt – dass man beim Schreiben etwas dazulernt. Neues Wissen, das man vorher nicht hatte.

Und was ich vorher nicht wusste, war, wie wichtig es ist, solche heiligen Leitsätze zu haben. Ich fand: ,Was willst du tun? Willst du alles tun?‘ – das war ein leitender Satz.

Ich konnte mich auf alles stützen: Christentum, Wissenschaftler, Hellseher, Buddhismus – alles und alle, wenn ich das Gefühl *hatte, es könnte helfen. Ich war bereit, es zu versuchen. Ich habe mich hingegeben.*

Ich habe meine Strategie gestern einem Doktoranden erzählt – er heißt Martin – und ich sagte: ‚Mein Ansatz war, den Code zu knacken und herauszufinden, wie man mit einer Leber kommuniziert. Wie sage ich meiner Leber: Jetzt hört ihr mit der Party auf. Diese Entwicklung war ein negatives Wachstum – das explodierte – aber ich wollte, dass es aufhört. Es gelang mit Medikamenten, mit Melatonin – ich habe viel geschlafen.

Ich habe meinen Körper einfach in einen Stillstand versetzt. Das war entscheidend, glaube ich.'"

Ditte: *„Ich habe im Buch auch geschrieben, wie viel du geschlafen hast, wenn du von den Behandlungen zurückkamst. Du hast fast 20 Stunden am Tag geschlafen."*

Tommy: *„Ich habe sehr viel geschlafen. Ich hatte zwei Mittagsschläfchen täglich in dieser Zeit."*

Ditte: *„Und das war eigentlich die einzige Nebenwirkung, die ich wahrgenommen habe. Und ich weiß nicht einmal, ob man das eine Nebenwirkung nennen kann. Vielleicht ist es auch ein Heilungsprozess. Zellen regenerieren sich ja im Schlaf."*

Tommy: *„Schlaf war sehr wichtig. Aber etwas anderes war, dass ich mit meiner Leber gesprochen habe, und wir haben uns darauf geeinigt, dass das Rave-Party-Zeug jetzt vorbei ist. Ich glaube, die Zellen sind eingeschlafen. Vielleicht sind sie in eine Art Winterschlaf gegangen."*

Ditte: *„Du solltest einen kleinen afrikanischen Jungen fragen, der in ‚Jenseits von Afrika‘ mitgespielt hat, dessen Bein von einer Infektion befallen war – und wie hieß sie noch?“*

Tommy: *„Karen Blixen.“*

Ditte: *„Ja, aber wie hieß die Schauspielerin?“*

Tommy: *„Meryl Streep.“*

Ditte: *„Sie stand da und schaute ihn an, wollte, dass er zum Arzt geht und behandelt wird – und das kannten sie ja gar nicht. Und dann sagte er: ‚I will talk to this leg!‘ Das ist im Grunde* eine körperliche und medizinische Weisheit – die Idee, mit seinen Organen zu kommunizieren. "

Tommy: „*Genau das habe ich auch gemacht. Ich habe an die Forschung aus Aarhus geglaubt – die, bei der alles neu gedacht werden musste. Man hatte übersehen, dass Zellen einen Kontext haben. Alle Versuche wurden in kleinen Plastikboxen gemacht. Aber es macht eben einen Unterschied, ob Zellen in der Nase oder im Bein sitzen. Zellen kommunizieren je nach ihrem Platz im Körper. Sie kommunizieren mit anderen Zellen. Ich habe mit einem sehr anerkannten Heiler und Hellseher darüber gesprochen. Er war derselben Meinung. Er sagte, das sei genau seine Arbeit: Wie kommuniziert man mit dem hier?*

Ich wusste von Hegel, dass das schwierig sein kann. Die Natur ist dumm. Man kann einen Rasen fragen, was er denkt – und er sagt nie etwas. Das ist ein Problem. Die Natur lebt, sie entwickelt sich, sie ist immer in Bewegung. Wenn ich also etwas aufhalten will, muss ich mit ihr kommunizieren. Eine Leber ist

ziemlich dumm – sie sagt auch nichts. Wir sprachen davon, dass

man auf ihr Niveau heruntergehen muss, zum Beispiel sagen: ‚Es

ist okay, wir haben da was am Laufen – aber jetzt musst du

schlafen.' Es war wie mit einem kleinen Kind zu sprechen.

Ich habe auch mit meinem theologischen Freund Stig aus Aarhus

über Klangtherapie gesprochen. Er kennt sich gut mit

Klangschalentherapie aus. Es gibt da einen sehr begabten

Deutschen. Ich konnte spüren, dass da in mir etwas geschah.

Resonanzen und Töne hatten eine beruhigende Wirkung.

Das war wirklich ein guter Weg – mit meiner Leber zu sprechen

und sie zur Ruhe zu bringen.

Ich habe meinem Krebs eine Depression verpasst.

Er kam morgens nicht mehr aus dem Bett.

Ich war bereit, alles zu tun. Ich weiß, dass gute Kollegen für mich

gebetet haben. Ich betete mit Tränen und Verzweiflung. Ohne

Filter. Ehrlich.

Du hast geholfen. Ich streckte mich aus – und du hast eine SMS geschickt.

Wenn dir das Vaterunser schwerfällt, besonders ‚Dein Wille geschehe‘, dann versuch's mal mit: ‚Gott, stärke mein Immunsystem.‘

Am selben Tag weinte ich verzweifelt und änderte das zu Jesu Worten im Garten Gethsemane: ‚Abba, stärke mein Immunsystem.‘

Ich weiß, dass meine Kollegen und alle, die ich kenne, für mich gebetet haben.

Der Kontext war ein völlig anderer. Der ganze Kontext.

Es war eine massive Aufrüstung.

Es war wirklich nicht schön, eine Krebszelle in meinem Körper zu sein zu dieser Zeit. Wirklich nicht. Man war wie ein gejagtes Wild. Ich habe optimal frustriert – ohne Verzweiflung zu erzeugen, wie Kohut es getan hätte.

Die Krebszellen wurden nicht wütend – sie schliefen einfach ein.

Bereit zu sein, alles zu tun, bedeutete, Gott so nahe wie möglich

zu sein. So ehrlich und authentisch wie möglich.

Das galt für alles – aber besonders für die Ernährung. Ich konnte

es sehen, wenn ich einkaufte: Ich durfte nur Dinge zu mir

nehmen, die Gott so nahe wie möglich waren. So ursprünglich wie

möglich.

Wir waren dabei, einem lebensgefährlichen Feind das Rückgrat

zu brechen. "

Ditte: *„Also mein eigenes Bild von Krebs hat sich durch das,*

was wir durchgemacht haben, völlig verändert. Ich sah Krebs

früher ganz anders – bevor du ihn bekommen hast. Ich glaube, es

war die Ärztin aus der Privatklinik, die mein Denken verändert

hat – gerade ihr Ansatz, dass Krebs nicht nur böse und unheilbar

ist, dass man nicht von vornherein verloren hat, und vor allem,
dass es keine schreckliche Krankheit ist.

In ihrer Welt – so wie sie Zellen erklärte – war es viel einfacher,
Krebs zu besiegen.
Also: Du hast diese Zelle, sie macht das und das, und du hast
diese Mittel, die tun das und das – und damit hast du tatsächlich
eine Chance, Krebs zu überwinden.

Sie hatte ja auch deine Unterlagen vom Krankenhaus, wo stand,
dass du bald sterben würdest. Sie war überhaupt nicht
beeindruckt – oder sonst irgendwie berührt. Wir saßen beide da
und fanden alles kompliziert und schrecklich und dramatisch."

Tommy: *„Sie kam ja zu einer ganz einfachen Schlussfolgerung:*
was ich tun sollte, oder? Sie sagte: ‚No toxic. Ich rede von deinem
Shampoo und deiner Zahnpasta. Keine Zahlen, keine Codes.'
Sie sprach übrigens auch über meine Mutter und Wut – das war

sogar das Erste, was sie ansprach. Aber daran arbeite ich ja

auch."

Ditte: *"Aber es machte einfach so viel Sinn, was sie über Krebs*

sagte. Ihre Sichtweise auf Krebs ..."

Tommy: *"Ich hatte nicht dieses vorgeprägte Bild von Krebs, das*

du hattest – deswegen hat es mir nichts ausgemacht, was sie

sagte."

Ditte: *"Ja, aber es war auch neu für mich zu erfahren, dass wir*

jeden Tag Krebszellen haben – und dass das Immunsystem sie

einfach vernichtet, weil es sie erkennt. Weil sie mutiert sind – und

wenn das Immunsystem zu schwach wird, dann bekommen die

Krebszellen die Gelegenheit, sich zu sammeln und zu teilen. Und

sie teilen sich blitzschnell.

Plötzlich hast du – so wie bei der Entstehung eines Menschen – eine Zelle, die wird zu zwei, zu vier, zu acht, zu sechzehn, zu zweiunddreißig ... exponentielles Wachstum."

Tommy: *"Ja, deshalb gibt es ja Immuntherapie – man stärkt das Immunsystem. Wir mussten mein Immunsystem wieder aufbauen. Und das war es, worum ich Gott bat. Und genau das geschah, als ich auf dem heiligen Hügel in Sønderup stand, mit Gott sprach, verzweifelt war und weinte."*

Ditte: *"Aber ein kleines bisschen ist das auch bei uns in der Küche passiert."*

Tommy: *"Ja – alles, was wir gemacht haben. Aber auch die spirituelle Heilung war wichtig. Denn ich habe Gottes Hilfe bekommen, und ich habe geglaubt, dass ich Gottes Hilfe* *bekomme. Und dann war Vogl dabei, und du warst dabei, und alles war dabei. Und wir haben immer die richtigen Entscheidungen getroffen – auch was die Ärzte betrifft. Und wir wussten, dass wir es sind, die entscheiden müssen. Nicht sie."*

Ditte: *„Wenn ich zurückblicke, waren es entscheidende Entscheidungen, die wir getroffen haben – und alle waren richtig. Hätten wir nur eine falsche getroffen … Ich habe in Deutschland wirklich mit so 'Liebt-er-mich-liebt-er-mich-nicht'-Blumen gesessen. Ich bin zur Bank gegangen, habe mit Gott gesprochen und um ein Zeichen gebeten. Ich meine – da ist ja eigentlich nichts Wissenschaftliches dran. Und selbst Vogl haben wir widersprochen, sogar dem Reichskrankenhaus haben wir widersprochen. Wir haben beim zweiten Mal ihr Angebot abgelehnt."*

Tommy: „*Ich finde, das erste Mal lief auch nicht besonders gut.*"

Ditte: „*Nein, das war es wirklich nicht. Aber das zweite Mal war viel ruhiger – nur eine kleine Thrombose, die entfernt werden sollte – und das fanden wir ja auch am vernünftigsten.*"

Tommy: „*Das fand Vogl nicht.*"

Ditte: „*Nein, das fand Vogl nicht. Und ich konnte es auch verstehen – ich hatte panische Angst, dass sie da in der Nähe deiner Hauptschlagader herumschnippeln, und mir war klar, dass es ihnen eigentlich egal ist, ob die Operation gelingt. Und dann hörst du Vogl sagen:* 'It's risky business' *und* 'Komm stattdessen zu mir.'"

Tommy: „*Er sagte auch: 'Und wenn sie da rumschneiden und du dann Metastasen in der Lunge bekommst und Lungenkrebs — findest du, das klingt nach einer guten Idee?' (lacht) Ha! Nein, das finde ich wirklich nicht. Ich muss sagen — er hat wahrscheinlich das beste Evidenzmaterial der Welt, um zu wissen, was passiert, weil er kritisch Kranke in extrem hohem Maß begleitet.*"

Ditte: „*Ja, die ganze Welt versucht eigentlich gerade, Operationen zu vermeiden, weil sie den Braten riechen. Operationen sind ja alles andere als risikolos …*"

Tommy: „*Ja, sie lösen eine völlig falsche, negative und vermutlich krebsfördernde Entwicklung im Körper aus.*"

Ditte: *„Genau das hat die Ärztin aus der Privatklinik erklärt – mit den Telomeren an den Enden der Zellen, die alles anziehen – sowohl Negatives als auch Positives."*

Tommy: *„Darüber hat Martin auch gesprochen – wie bei Schnürsenkeln, die sich ständig weiterentwickeln."*

Kapitel 12

Ein notwendiges Ausatmen

Letztes Jahr im März kam geschah etwas. Ich glaube, es war eine Mischung aus Erschöpfung und dem Punkt, an dem eine Ehe zu allem Möglichen wird – nur nicht mehr zu einer Ehe. Wo man das, was man gemeinsam erlebt und durchgestanden hat, noch nicht verarbeitet hat.

Am Ende beschloss ich, das Pfarrhaus zu verlassen. Ich konnte nicht mehr. Tommy konnte nicht mehr. Sally konnte auch nicht mehr.

Wir zogen im April aus. Es war schrecklich – und auf gewisse Weise auch ein Scheitern. Ein halbes Jahr vor unserer geplanten Kupferhochzeit.

Eine Kupferhochzeit, die – nach Tommys Diagnose im Jahr 2021 – eigentlich schon abgesagt war.

Deshalb entschieden wir uns stattdessen, uns kirchlich segnen zu lassen und ein Fest zu feiern, als wir zehn

Jahre verheiratet waren. Weil keiner von uns damals glaubte, dass wir die Kupferhochzeit erleben würden. Und dann standen wir in dieser merkwürdigen Situation, dass wir sie tatsächlich feiern konnten – aber nicht konnten. Uns fehlte die Kraft.

Es gab Tage in Embryohaltung. Es gab völlig absurde Dinge, von denen man sich verabschieden musste. Aber unter allen Umständen war es notwendig.
Unsere Beziehung hatte sich dahin entwickelt, dass ich seine Krankenschwester, seine Anwältin, seine Vertreterin, seine Pitbull-Terrierin war – und ständig hyperaufmerksam auf seine Gesundheit. Das war zermürbend und erschöpfend – für uns beide.

Wir hatten ein Jahr und doch miteinander gelebt. Weil es Sally gab.
Wir haben darüber gesprochen, ob wir eine Art Beziehung haben könnten – und wir haben 47

Varianten eines Themas ausprobiert und wieder verworfen, das einfach nicht funktionieren wollte.

Wir haben uns beide in diesem Jahr stark weiterentwickelt.
Und obwohl es wehgetan hat, obwohl das Leben sinnlos erschien, obwohl ich kaum festen Boden unter den Füßen finden oder an eine Zukunft glauben konnte, gab es doch kleine Lichtblicke – hier und da.

Heute sitze ich wieder im Pfarrhaus. Ich bin zurückgezogen. Ich blicke auf denselben Sonnenaufgang.
Aber ich sehe auch auf einen veränderten Mann.
Auf eine veränderte Frau.
Und auf ein verändertes Kind.

Sie ist kein richtiges Kind mehr.
Sie ist voller Energie dabei, ein junges Mädchen mit

vielen Talenten zu werden – und ein echter
Familienmensch, der schon einiges erlebt hat.
Ich glaube – oder rede es mir zumindest ein – dass sie
daran auch gewachsen ist.

Mein Ziel mit diesem Buch ist es, Patient:innen und
ihren Angehörigen Hoffnung und Mut zu machen –
damit sie in sich hineinfühlen und dem folgen, was sich
für sie richtig anfühlt.
Dass sich Netzwerke und Gemeinschaften bilden – zum
Beispiel solche wie der alternative dänische
Krebsverein *Tidslerne*.

Ich sehe es auch als meine Pflicht, zu sagen, dass Krebs
– selbst komplizierter oder fortgeschrittener Krebs mit
schlechter Prognose – nicht zwangsläufig ein
Todesurteil ist.

Doch darin liegt auch eine Ungerechtigkeit, die wir als Gesellschaft ernst nehmen sollten.

Denn solche Diagnosen und Überlebenschancen sind nicht für die Schwachen.

Nicht für diejenigen ohne finanzielle Mittel.

Ohne starke Angehörige.

Ohne großes Netzwerk.

Ohne Wissen.

Ohne Vertretungen.

Ohne Anwälte.

Ohne privaten Koch. Und so weiter.

Ich finde, unser Gesundheitssystem sollte in der Lage sein, so etwas zu leisten – vielleicht in Zusammenarbeit mit der dänischen Krebshilfe (*Kræftens Bekæmpelse*). Wenn man bedenkt, welche großen Überschüsse sie haben, unter anderem aus Aktieninvestitionen.

Ich weiß, dass unser Glaube an Gott und an Wunder, unser Vertrauen darauf, dass wir um Hilfe bitten durften, uns auf dem ganzen Weg begleitet hat. Das darf man nicht unterschätzen.

Wir befinden uns jetzt im dritten Jahr. Bald sind es zweieinhalb Jahre mit einem Alpha-Fetoprotein-Wert unter 1,66.

Ich glaube, dass Menschen ihr Leben mit Leberkrebs verlängern konnten. Ich weiß auch, dass Vogl andere Leberkrebspatient:innen hatte, denen er noch einige gute Jahre geschenkt hat.

Aber ich glaube nicht, dass es einen Fall wie den von Tommy gibt, bei dem man schwarz auf weiß – oder grau, oder was auch immer man auf dem Leuchtbildschirm beim CT sieht – eine geheilte Leber gesehen hat.

Und falls es doch einen gibt – bitte rufen Sie mich an.

Wie es in allen Arztbriefen heißt: Natürlich sieht man
Folgen der Behandlung.
Man kann erkennen, dass ein Teil des linken
Leberlappens fehlt.
Man kann sehen, dass die TACE-Behandlungen ihre
Wirkung gezeigt haben.
Aber man sieht auch eine leberkrebsfreie Leber.
Und ohne Metastasen.

Ich hatte fast Lust zu sagen: „Gott schütze Dänemark."
Oder: „Schütze mich."
Oder: „Schütze ihn."

Aber wie ich eines Tages zu ihm sagte, als wir nach
Frankfurt zur Behandlung fuhren oder was es auch war
– ich nahm seine Hand und sagte:
„Keine Sorge. Ich bin es nicht gewohnt, zu verlieren."

Wir hinterlassen unsere Kontaktdaten. Wenn du ratlos bist und eine Krebsdiagnose mit Todesurteil erhalten hast, kannst du dich gerne an Tommy wenden.
Er ist Ansprechpartner bei *Tidslerne*.

Ich möchte abschließen mit einem Satz, den ich schrieb, als Tommy an Krebs erkrankte:

Es gibt einen lateinischen Ausdruck: memento mori – das bedeutet: „Denke daran, dass du sterben musst."
Ich fügte hinzu:
„Bis dahin – denke daran zu leben."

Kapitel 13

Die Epilog des Pfarrers

Bist du zu allem bereit?

Hast du mich auf der onkologischen Station gefragt.

Ja!

Habe ich geantwortet. Spontan und selbstbewusst.

Ich wusste immer, dass ich alles versuchen würde.
Ich werde nicht neugierig sterben. Diese Grenze habe
ich längst überschritten.

Ich habe Vertrauen zu Ditte, so wie ich Vertrauen zu
Gott habe. Stark im Glauben. Stark in der Liebe.
Es war eher die Hoffnung, die Zukunft, die Hoffnung,
die man mir genommen hatte, die verschwommen war.
Ich verstand die Sprache der Hoffnungslosigkeit nicht.

Eine Oberärztin sagte zu mir: „Sie sind doch Pfarrer. Es
kann doch keine Überraschung sein, dass Sie sterben
müssen."

Und das war es auch nicht. Ich fand nur, es sollte nicht gerade jetzt sein.

Sally war sieben.

Wir waren gerade nach Slagelse gezogen, hatten ein neues schönes Pfarrhaus und eine feste Stelle mit Traumjob für zehn Jahre.

Ich liebe meine Frau und mein Leben.

Es war so ungelegen, so unpassend und ungerecht.

Zu sterben – das kann ich akzeptieren. Aber nicht kampflos.

Ich bin, was man wohl gläubig nennt – stark im Glauben. Das war schon immer so.

Ich weiß nicht, wie es ist, nicht zu glauben.

Ich kenne schon lange die Kraft, die in der Ohnmacht liegt – die, von der Paulus im 2. Korintherbrief, Kapitel

12, schreibt.

Ich weiß, dass ich stark bin, wenn ich ohnmächtig bin.

Aber in der Zeit der Verzweiflung bekam ich trotzdem
Probleme.

Jedes Mal, wenn ich das Vaterunser betete und zu der
Zeile kam: „Dein Wille geschehe", bekam ich es schwer.

Ich wusste auch, warum.

Was, wenn es Gottes Wille war, dass ich sterben sollte?

Das konnte gut sein.

Als mich das lange genug gequält hatte, suchte ich Hilfe.

Und ich wusste auch genau, wen ich fragen musste.

Ich fragte Ditte.

Ich tue mich schwer damit, Gott Aufgaben zu geben,
also brauchte ich Hilfe.

Ich fragte sie, wie sie beten würde.

Sie schrieb mir sofort per SMS:

„Versuch's mit: Gott, stärke mein Immunsystem."

Verzweifelt und mit Tränen in den Augen ging ich auf den heiligen Hügel in Sønderup und sprach das Gebet. Ich war verzweifelt.

Und die Antwort ... sie kam augenblicklich.

Was geschah, weiß niemand. Aber dass es geschah, das weiß Gott.
Es war, als hätte er nur darauf gewartet, dass ich es ausspreche.

Im Zusammenhang mit dieser Buchveröffentlichung bat ich meinen Freund Ragnar Hannson Aase um ein Gespräch.

Ragnar ist Norweger und war Pfarrer in Finnmarken. Ich wusste, dass es klug wäre, mit ihm über dieses Erlebnis zu sprechen – und über das, wohin unser Gespräch uns führen würde.

Wir sprachen über das Buch, über die Briefe des Paulus und über das Markus-Evangelium.

Ragnar sprach darüber, wie das Markus-Evangelium mit den Kreuzesworten endet: „Mein Gott, mein Gott, warum hast du mich verlassen?"

Danach kommt nichts mehr. Keine Auferstehung. Es ist die tiefste Finsternis.

„Vielleicht hast du in diese Dunkelheit hineingeschaut?", sagte Ragnar.

Deshalb war ich gekommen.
Ich brauchte, dass er mir das sagte.

Gott weiß alles über Krebs.
Er ist ein Vorkämpfer und hat uns bereits die stärkste Waffe gegeben: Sein Immunsystem.
Die Hoffnung ist zurückgekehrt.

Die Kraft, dieses Buch zu schreiben. Das Buch, nach dem so viele gefragt haben.

Ich bin immer noch zu allem bereit – aber jetzt bin ich viel freier und nicht mehr so von der Zeit bedrängt.

Gott segne euch!

Alles Gute! *Totus bonum.*

Kapitel 14

Ich habe immer das letzte Wort

„Hier spricht Ihr Kapitän. Wir setzen in Kürze zur Landung an. Es war ein spannender Flug mit etwas Turbulenzen unterwegs, aber die Sicht ist gut, das Wetter angenehm, und wir erwarten eine pünktliche Landung. Bitte schnallen Sie sich an. "
(Der Weg zur Pfarrwohnung ist eine lange Allee mit mehreren Laternen. Sie erinnert mich immer an eine Landebahn.)

Ich habe es wohl schwer mit Anfängen und Enden – denn: Gibt es sie überhaupt? Und wann fangen sie an, haben wir gefragt … und wann enden sie?

Vor einem Jahr mussten Tommy und ich uns trennen. Es war, als ob wir – obwohl wir an Erfahrung reicher waren – verletzlicher geworden sind.
Wir empfanden tiefe Dankbarkeit, aber auch einen Schmerz in der Seele.
Wir entdeckten Seiten an uns selbst und aneinander, mit

denen wir nie gerechnet hatten – Dinge, die nie auf unserer gemeinsamen „Bucket List" standen.

Da standen wir:
Ich mit Skorpion-Dramen, Kilimandscharo, Abenteuern am Ende der Welt und dem ständigen Blick auf Tommy.
Tommy wollte eigentlich nur zu Hause bleiben und seiner Berufung als Pfarrer folgen.
Wir wollten einfach nur Ruhe finden und eine Richtung im Leben.
Aber wir waren erschöpft.
Wir hatten die Rollen getauscht und begannen, das Gespür dafür zu verlieren, wer wir eigentlich waren.
Das Flugzeug war gelandet – aber wir hatten unsere eigene Erkenntnis noch nicht gefunden.

Und die Erkenntnis war vielleicht: Wenn man sich entscheidet, eine bestimmte Reise anzutreten, dann gibt es auch ein Ziel.

Wir haben Erfahrungen gesammelt, wir sind gescheitert, und vieles blieb ungesagt in dem Jahr, in dem wir getrennt waren.

Sind wir? Oder was? Stimmen wir uns wieder aufeinander ein und finden zurück zu dem, was wir einmal waren?

Es klingt vielleicht kitschig-romantisch, zu sagen, man findet zu sich selbst zurück. Aber nachdem ich all meine Energie dafür aufgewendet hatte, Sekretärin, Krankenschwester, Anwältin, Koordinatorin zu sein – immer mit einem halboffenen Auge, bereit einzugreifen, zu sichern, zu kontrollieren, vorzubeugen, zu reparieren – glaube ich...

Manche Menschen spüren das Unglück erst hinterher. Sie funktionieren, solange es nötig ist – und dann kommt die Reaktion.

So war es, glaube ich, auch bei uns. Oder zumindest bei mir.

Ich hatte wohl ein paar unrealistische Erwartungen: an Magie, Ehe, Krebs, Willen, Erkenntnis, das Große, die Liebe – denn die Liebe ist groß.
Es gibt nichts Größeres. Es gibt nichts Kraftvolleres.

Tommy hat auch seine eigenen Wege. Seine Methoden.
Erst kürzlich wurde mir das wirklich bewusst.
Er ist ein anderer Mensch, als ich ihn gefragt hatte zu sein. Warum? Ich weiß es nicht.

Ich liebe Musik, aber ich wunderte mich schon ein wenig darüber, dass er jeden Morgen beim Duschen „ABBA!" rief.
Oder das dachte ich zumindest.
Es stellte sich heraus, dass er etwas ganz anderes rief.
Es war seine Art, Gott anzurufen.

Er hat mir erzählt, wie er oft zu Gott gerufen hat –

„Abba!"

Und ich dachte, er rufe nach der Musikgruppe ABBA.

Es war hart.

Es war hart, loszulassen.

Hart, so sehr dafür zu kämpfen, dass er weiterlebt – und
dann doch mit der Frage zu enden: Können wir
überhaupt zusammen leben?

Aber in diesem Raum, genau dort, hat uns die Liebe nie
verlassen.

Vielleicht haben wir ihr phasenweise, abwechselnd oder
gleichzeitig, zu viel zugemutet.

Vielleicht dachten wir, sie sei verschwunden.

Aber die Liebe tut, was sie will.

Die Liebe ist ... ja, Tommy.

Unsere Diskussionen oder Konflikte sind manchmal zum Brüllen komisch.

Zumindest finde ich das.

Ich bin mir nicht sicher, ob er das genauso sieht.

Ich weiß nicht annähernd so viel über das Universum, Lichtjahre, Galaxien und Technologie wie er – aber Gott weiß, dass wir es versucht haben.

Die erste, die zweite, die dritte, die vierte, die fünfte Konstellation – um es zum Laufen zu bringen.

Eines Tages kulminierte es.

Vor ein paar Monaten diskutierten wir am Telefon über irgendetwas – ich weiß nicht mal mehr, worüber – und es endete damit, dass ich ins Telefon zischte: „Ich blockiere dich!!!"

Ich spürte es bis in den großen Zeh.

Dann rief er an – und bekam einen Anschiss dafür, dass

er angerufen hatte.

Weil ich ihn ja eigentlich gerade blockiert hatte!

Und dann lachten wir.

Das tun wir oft.

Das haben wir gemeinsam:

Wir lachen, bis uns die Tränen kommen.

Das war der Startschuss dafür, dass ich wieder nach
Hause gezogen bin.

Aber ich kenne das Ende nicht.

Ich kenne nur ein Ende, und das ist:

Ich liebe Tommy.

Ich liebe meine Familie.

Und für sie würde ich alles tun.

Tommy liebt auch – auch diese schrägen, liebenswerten,
skurrilen Begriffe. Nicht im Sinne von „Wir zerlegen

jetzt mal ein halbes Schwein auf dem Küchentisch",
sondern Ausdrücke, Begriffe, ihre Herkunft, ihre
ursprüngliche Bedeutung. Das muss zerlegt und
erforscht werden.

Also schreibt man natürlich ein Buch mit ihm, ohne
dass er es unbedingt merkt.

Wir leben oft sehr unterschiedliche Leben, und dann
kommt einer von uns plötzlich angerannt.
Manchmal, weil wir etwas voneinander wollen.
Oder etwas sagen möchten.
Oder einfach nur Lust haben, den anderen kurz
anzuschauen – in seiner Nähe zu sein.
Das passiert plötzlich. Oft genau dann, wenn der andere
mitten in etwas ganz anderem steckt.

So war es auch neulich.
Er kam angerannt, während ich malte.
Den Kopf über die Leinwand gebeugt.

Er sagte, er habe über das mit den Wundern nachgedacht.

Das Buch heißt *Das Wunder zwischen uns*.

Er hatte recherchiert. Herausgefunden, dass *Wunder* von *miraculum* kommt – das bedeutet „des Staunens wert".

Ein bisschen wie Nachtigallen und Sonnenaufgänge.

Und Aussagen.

Überholt von etwas, das man nicht ganz erklären kann – das aber immer da sein wird.

Das ist unsere Liebe.

Das ist unser Wunder.

Oder wie Inger Christensen so schön sagte:

„*Wenn die Wiederholung existiert. Wenn die Wiederholung existiert.*

Dann treffen wir uns im Schmetterlingstal."